디자인은 기능을 통한 우주의 이해이다

디자인의
새로운 상상,

한옥

이상현

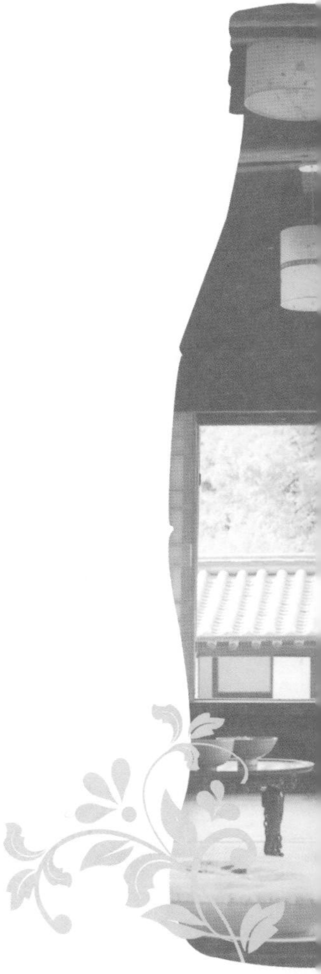

새룬서

특별한 경험을 전하는 것으로 이야기를 시작하겠습니다. 어느 날이었습니다. 거미는 거미줄에 걸린 잠자리를 부지런히 포장(?)하고 있었습니다. 가까이 다가서자 하던 일을 멈추고 옆으로 자리를 피했습니다. 제가 더 이상 움직이지 않자 다시 포장을 시작했습니다. 제가 다시 움직임을 보이자 멈칫하며 피하려다가 마음을 바꿨는지 서둘러 포장을 끝냅니다. 그리고는 포장된 잠자리를 순식간에 엉덩이에 걸더니 도르래를 타듯 줄을 타고 은신처로 이동했습니다. 마치 사람이 짐을 꾸려 어깨에 이고 가듯 천연덕스러웠습니다.

위험을 감지하고 의사결정을 내리는 합리성, 위험한 상황에서도 작업을 계속하려는 의지, 그리고 빠르게 먹이를 꾸려 은신처로 이동하는 종합적 판단능력까지. 거미가 인간과 다르지 않은 듯했습니다. 어디까지가 본능이고 어디까지가 이성일까? 도대체 나와 거미는 왜 이렇게 다르게 생겼을까? 이 책은 이런 물음에서 출발합니다.

베르그송은 동물과 인간의 차이를 도구를 통해 설명합니다. 동물은 자신의 몸을 도구로 쓰지만, 인간은 몸 밖에 도구를 만듭니다. 말을 바꾸면 동물은 몸을 디자인하고 인간은 세계를 디자인하는 거죠. 디자인은 자연과 인간을 이어주는 접점인 셈입니다. 도구를 만들 때 인간은 이성을 거미는 본능을 이용한다는 것이 베르그송의 탁월한 시점입니다. 디자인의 핵심이 기능이라는 점을 알 수 있습니다.

디자인은 기능을 미덕으로 한다는 점에서 예술과 다릅니다. 그러나 산업디자인이 출현한 이후, 디자인과 예술의 경계가 허물어지고 있습니다. 디자인이 소비자의 기호가 되면서, 이제 디자인에서 기능이 사라지고 있습니다. 장갑은 추위에서 몸을 보호하는 것이지만, 이제 장갑 디자인은 라디오의 상품성을 높이기 위해서도 사용될 수 있습니다. 오늘날 예술과 디자인의 거리는 멀어 보이지 않습니다. 생산을 위한 디자인은 어느 순간 소비를 위한 디자인이 되었고, 이 과정에서 디자인 비용이 어떻게 소비자에게 전가되는지 보는 것도 중요합니다.

이 책은 디자인을 통해 자연과 인간을 잇고, 다시 인류의 오랜 역사를 하나로 묶습니다. 현대에 와서 디자인이 예술과 어떻게 결합되는지 보고, 책의 후반부에서는 이론을 실제 디자인에 적용해 볼 것입니다. 물론 새로운 디자인 이론의 뿌리에는 한옥이 있습니다. 한옥을 통해 우리 과거 디자인을 이해하고, 미래 디자인을 위한 아이디어도 찾아낼 수 있을 것입니다.

최초 인류는 오로지 디자인과 예술만이 넘치는 세계에서 살았습니다. 세상 모든 것에 생명이 있다는 소박한 믿음 속에 무리지어 춤추며 자연과 어우러졌습니다. 그러던 어느 날 인류는 이 아름다운 세상에서 과학과 철학이라는 세계를 분리해냅니다. 그리고는 마침내 과학이 철학을 밀어내고 모든 학문의 우두머리가 되었습니다. 오늘날 철학은 과학과 헤어져 다시 예술에서 자기 길을 모색하고 있습니다. 디자인은 인류의 오랜 역사 속에서 은인자중하면서 죽은 듯이 지내왔습니다. 그러던 디자인이 최근 자신을 존재감을 도드라지게 보여주고 있습니다. 디자인은 과학 철학 예술 어느 것에도 속하지 않으면서, 또 이 모든 것을 하나로 품어내는 독특한 영역입니다. 그래서 저는 말하고 싶습니다.

중요한 것은 디자인이다.

차례

04 한옥의 공간구성원리로 보는 토탈디자인

토탈디자인 한옥

01
자연 속으로

디자인의 어머니, 자연

문득 궁금합니다. 산과 들 어디서든 만날 수 있는 이 숱한 생명, 생명들. 이들 모두에게 돌아갈 집은 있는 걸까? 언뜻 생각하면 적지 않은 곤충이며 동물들이 자기만의 집을 갖고 있을 것 같습니다. 실제 우리 주변에는 놀라운 건축술로 사람을 놀라게 하는 재주 많은 생명들이 적지 않습니다. 정육각형을 반복하면서 기하학적인 아름다움을 형상화한 벌집은 그 정교함에 있어서 단연 백미입니다. 대규모 지하도시를 연

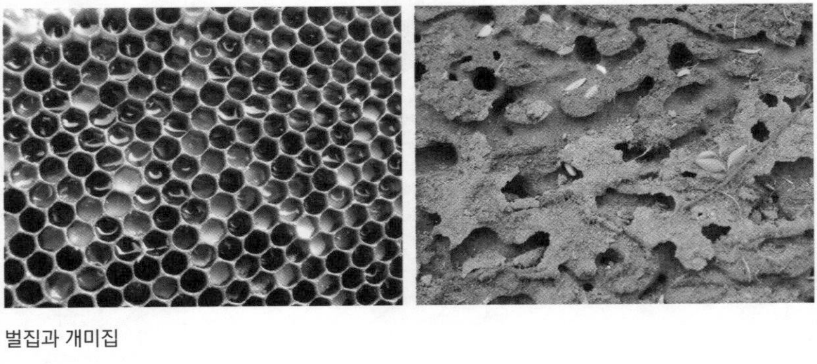

벌집과 개미집

상시키는 개미집은 규모 면에서 사람을 압도합니다. 물론 모든 생명이 이렇게 대단하게 집을 짓는 것은 아닙니다. 부지런히 찾아보면 우리 조상처럼 소박한 집에 만족하는 곤충도 있습니다. '큰호리병'이라는 예쁜 이름을 가진 벌은 멀지 않은 과거에 우리 조상이 했던 대로 흙을 이용해 집을 짓습니다. 사람이 흙집을 짓듯, 흙을 이겨서 이를 덩어리로 만들어 흙벽을 쌓아 올립니다. 길게 흙을 쌓고 다시 위로 쌓아나갑니다. 흥부전에서 만났던 익숙한 제비 둥지도 어찌 보면 우리가 사는 집과 비슷한 건축방법을 동원합니다. 풀을 물어다 엮어 둥지를 틀고, 거기에 흙까지 발라서 우리 전통 흙집과 매우 흡사합니다. 그 방법이 너무도 비슷해서 때로 우리는 우리가 살던 흙집이 새의 둥지를 본 떠 지은 건 아닐까 하는 생각도 합니다.

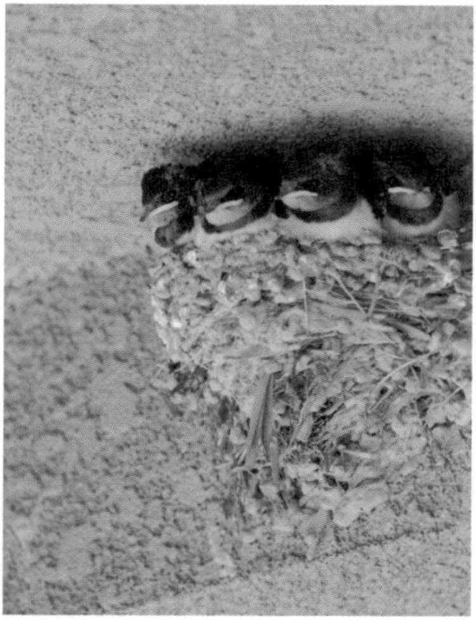
제비 둥지

생각해 보면, 벌이나 개미처럼 작은 생명도 집을 짓는데, 생물의 분류표상 가장 상위에 포진한 포유류가 집을 짓지 않는 까닭이 궁금합니다. 돌이켜 보면, 포유류 중 유일하게 집을 짓는 동물이 인간입니다. 아니 왜? 포유류 중 인간만이 집을 지을까? 어떤 건축가는 사람이 집을 짓는 이유를 제비 집에서 찾기도 합니다. 새들이 알을 낳고 새끼를 기르는 모습을 보고, 인간이 집을 짓는 이유도 육아에 있다고 믿는 거죠. 인간이 너무 미성숙하게 태어나기 때문에 아이를 성숙하게 키우려면 안전한 집이 필요하다는 논리입니다. 글쎄요. 매우 그럴 듯한 설명이지만, 우리에게 건축술을 전수해주었을지도 모를 이 곤충과 새들이 지은 둥지를 정말 집이라고 할 수 있을까요?

디자인은 생명이다

디자인이 탄생하다

우리는 은연중에 적지 않은 곤충이나 동물이 자기 집을 짓는다고 믿습니다. 그런데 가만히 보면, 그들이 애써 지은 그곳에서 하는 일이라고는 기껏해야 알을 부화시키는 정도입니다. 부화장을 집이라고 말하기에는 2% 부족합니다. 우리가 생각하는 집은 인공적으로 만든 생활공간인데, 이들의 집은 결코 인간이 생각하는 집일 수 없습니다. 스위트홈? 그런 표현이 불가능합니다. 앞에서 잠깐 소개한 큰호리병벌은 애써 지은 집에 문도 들이지 않고 막아버립니다. 그리고는 단 한 번도 자기 집에 들어가지 않습니다. 어쩌면 인간을 제외한 대부분의 생명에게 둥지는 캥거루의 아기주머니 같은 것입니다. 캥거루의 아기주머니가 분명 우리의 눈을 잡을 만큼 특별하기는 하지만, 이를 캥거루의 집이라고 할 수는 없습니다. 자연을 화려하게 수놓는 모든 생명은 인간이 생각하는 그런 집을 짓지 않습니다.

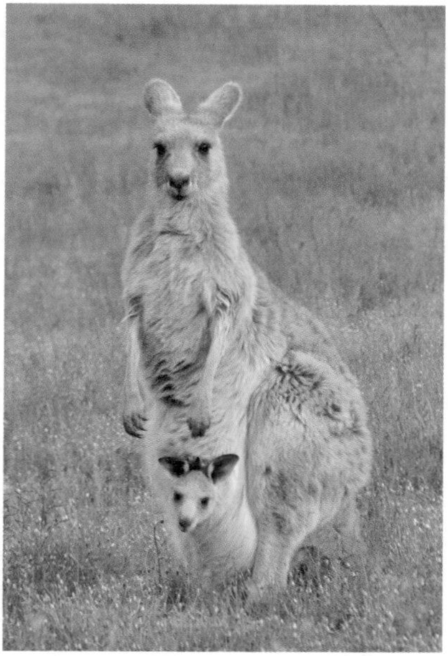
캥거루의 아기주머니

사실을 말하자면, 사람도 처음부터 집을 짓고 살지는 않았습니다. 애초에 인간을 포함한 모든 생물에게 집은 자연이었습니다. 즉 자연이 집이었던 것이지요. 동양에서 천하가 집이라는 말은 이런 인류학적인 전통을 담고 있습니다. 처음 인류는 인간과 자연 사이에 인공적이고 항구적인 매체를 두지 않았습니다. 인류학을 모태로 건축을 공부한 아모스 라포포트Amos Rapoport는 그의 책 《주거형태와 문화》(열화당)에서 동남아시아, 남아메리카, 오스트레일리아에서는 사람들이 집을 짓지 않고 살았다고 말합니다. 알고 보면 궁궐을 나온 석가모니의 거처는 나뭇가지 아래였습니다. 석가모니가 특이해서가 아니라 그 당시 사람들이 사는 일반적인 모습이었습니다. 이 장면은 장 자크 루소가 생각한 인류 최초의 모습이기도 합니다. 우리야 실내 생활이 익숙해서 집 없는 생활을 상상조차 못하지만, 자연을 집 삼아 사는 이들에게 인공적인 공간은 불편할 뿐 아니라 고통스러울 수도 있습니다. 그래서 그들이 혹여 인공적인 건물을 지었다고 해도 그것은 주거용이라기보다는 보조적인 용도였습니다. 밖이 충분히 따뜻하고 조금만 움직이면 더위를 피할 그늘이 있어서 사는 데에 부족함이 없다면 굳이 집을 지을 까닭이 없습니다. 더욱이 현대사회처럼 사생활을 유독 강조하는 사회가 아니라면, 엄청난 비용을 지불해야 하고, 쉽게 분쟁에 휘말려서 이웃을 잃고 마는 집짓기에 나설 까닭이 없습니다. 제 친구 하나는 집을 짓느라고 폭삭 늙기까지 했습니다. 오히려 이런 어려움을 무릅쓰고 집을 짓는 일이 현명해 보이지 않습니다. 추위 걱정도 없고, 먹거리에 대한 고민도 없고, 현대인처럼 디테일하게 사생활을 따지지 않는 사회라면, 집 짓는 일은 손가락질을 당할 만큼 멍청한 짓일 수 있습니다. 그러니 집이 없는 사회는 아마도 천국과 같은 곳일 수도 있습니다. 그리고 그런 곳이라면 옷도 필요 없을 것입니다. 루소 역시 인간이 집과 옷이라는 그다지 필요치 않은 것을 발명했다고 투덜거립니다. 우리는 성경에서 그 단서를 볼 수 있습니다.

여자가 그 나무를 본즉 먹음직도 하고 보암직도 하고 지혜롭게 할 만큼 탐스럽기도 한 나무인지라 여자가 그 실과를 따먹고 자기와 함께 한 남편에게도 주매 그도 먹은지라 이에 그들의 눈이 밝아 자기들의 몸이 벗은 줄을 알고 무화과나무 잎을 엮어 치마를 하였더라.

- 창세기 3장 6~7절

여호와 하느님이 아담과 그 아내를 위하여 가죽옷을 지어 입히시니라.

- 창세기 3장 21절

기독교인이 아니어도 누구나 알고 있는 이야기입니다. 이야기의 전후 맥락을 잠깐 덧붙이자면, 하느님은 천지 창조와 함께 흙으로 인간을 빚으십니다. 그런데 문제는 그 다음에 일어납니다. 하느님은 선악을 분별할 수 있는 과일 하나를 눈에 잘 띄는 곳에 심어 두고, 아담과 하와에게 다짐을 둡니다.

"다른 것은 다 먹어도 되지만, 이것 하나만은 결코 먹지 말라!"

그런데, 어쩌겠어요? 유혹에 약한 것이 인간인 것을. 하루는 뱀이, 모든 여인의 어미이고 여인 중의 여인인 하와를 꼬드깁니다.

"헤이! 레이디! 저 과일을 먹어봐, 일단 먹으면 결코 죽지 않아. 그뿐이 아니라 눈도 밝아져서 모든 면에서 하느님과 대등해질 거야. 그러니 어서 먹어."

하와는 그 꼬임에 홀랑 넘어가 과일을 먹고, 불안했는지 아니면 너무 맛있어 자기의 짝에게 주고 싶었는지, 아담에게도 먹입니다. 위의 인용 부분은 그 부분입니다. 당연히 하느님은 노했고, 아담과 하와는 무거운 형벌을 받고 에덴동산에서 쫓겨납니다. 그리고 그 후손인 우리가 이 고생을 하면서 살고 있습니다.

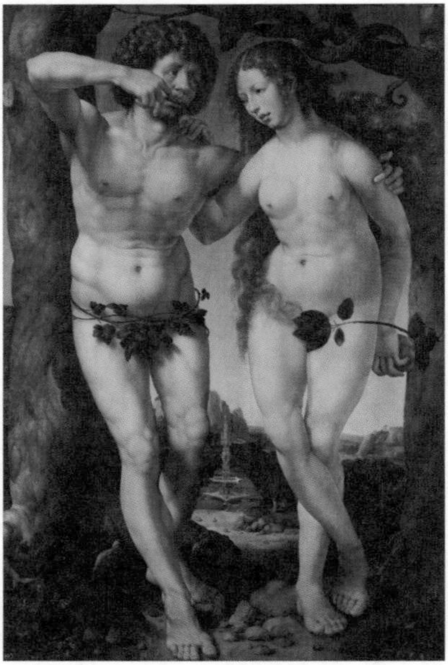
아담과 하와

그런데, 옷을 걸치지 않고 동산을 누비는 것으로 봐서는 에덴동산에는 추위가 없었던 것으로 보입니다. 이 점이 중요합니다. 늘 뜨거운 여름만 있던가, 아니면 봄, 여름, 가을, 겨울 모두 따뜻한 곳이었음에 틀림없습니다. 옷을 입지 않으면 좋은 게 있습니다. 누드비치를 별도로 만들지 않아도 됩니다. 사람에 따라서는 못마땅할 수도 있지만, 분명한 것은 사생활이라고 할 만한 것이 확 줄어드는 거죠. 그러니 굳이 집을 지을 필요가 없습니다. 그런 곳은 당연히 천국입니다. 극단적으로 사생활 보호를 주장하고 보호해야 한다고 믿는 우리는 어쩌면 천국에서 아주 멀리 떨어져 나왔을지도 모릅니다. 하지만, 이미 물은 엎질러졌고, 아담과 하와는 옷을 입었습니다. 하느님이 강요한 게 아니라 창피해서 스스로 그렇게 했습니다. 사생활이 생긴 것이지요. 아담과 하와가 쫓겨나와 간 곳은 에덴동산만큼 아늑하지 않았습니다. 아늑하지 않았을 뿐더러 그들이 그 전에는 결코 겪어보지 못한 추위까지 그들을 괴롭혔습니다. 하느님은 안타까웠던지 친절하게도 그들에게 가죽옷을 지어 입힙니다.

현생인류가 탄생했을 때 그들이 어디에서 살았는지에 대해서는 일치된 의견이 없습니다. 인류가 처음 출현한 곳을 아프리카로 보는 학설과 여러 지역에서 동시에 출현했다고 보는 학설로 나누어져 있습니다. 첫 번째 의견으로 보면, 인류는 4계절 따뜻한 열대지방에 머물렀던 것으로 보입니다. 그런데 어떤 이유에선지 더운 지방을 떠나서 추위가 있는 곳으로 이동을 했습니다. 성경에는 그 이유가 하느님의 말씀을 어겼기 때문이라고만 적고 있지만, 분명 다른 이유가 있었을 것으로 보입니다. 인구가 늘었을지도 모르고, 다툼이 있었을지도 모릅니다. 갑자기 닥친 빙하기 때문인지도 모릅니다. 아무튼 당시 인류에게 추위는 매우 위협적이었습니다. 추위는 단순히 사람에게 고통을 주는 데서 끝나지 않습니다. 하룻밤 사이에 모두 얼어 죽을 수도 있는 매우 위험천만한 상황이 전개되었을 것입니다. 추위는 인류에게 엄청난 변화를 요구했습니다. 이를 계기로 인류 문화는 통째로 바뀌었습니다. 추위를 만난 인류는 이제 더 이상 옷을 벗고 살 수 없었습니다. 털 없는 원숭이였던 인간은 어쩔 수 없이 가죽옷을 입어야 했습니다. 아마 더 추운 곳이라면 집도 지었을 것입니다. 추위를 피하기 위해 이보다 좋은 방법은 없습니다. 그런데 정말 이상한 점은 곰이나 사자는 옷을 해 입지 않았다는 사실입니다. 우리와 같은 영장류에 속하는 고릴라 역시 옷을 짓지 않습니다. 사진 속의 곰은 옷을 입은 게 아닙니다. 못 믿겠다면, 동물원에 가서 만져 봐도 좋겠지만, 권할 만한 방법은 아닙니다. 오늘날 만물의 제왕으로 인간을 다시 태어나게 만든 것은 어쩌면 '좋은 머리'가 아니라 '털 없는 피부'일지도 모릅니다. 하나를 더 덧붙이자면 어떠한 상황에서도 체온을 유지해야 하는 신체적 조건이었습니다. 인류는 죽지 않기 위해 옷을 입어야 했습니다. 인간만의 독특한 디자인 능력이 탄생한 것은 바로 이 순간이었습니다.

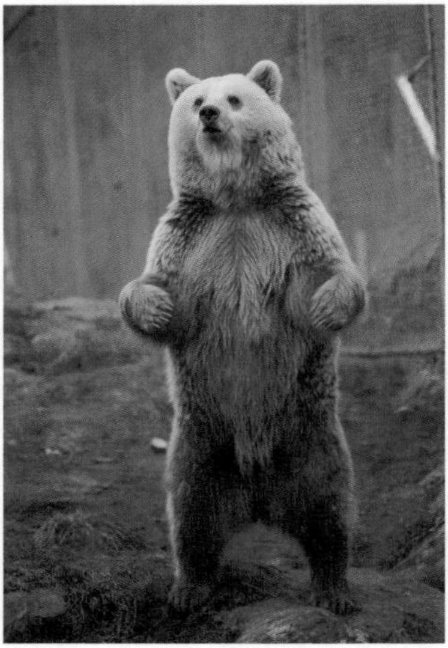
곰

인간이 아닌 자연의 능력, 디자인

랍스터는 왜 가위를 만들지 않고 몸뚱이의 일부로 가위를 만들었을까? 왜 인간은 자신의 손을 가위로 만들지 못할까? 아니 내 손이 가위가 되면 어떤 일이 벌어질까? 영화 〈가위손〉은 이런 상상에서 출발합니다. 다만 주인공 에드워드는 우리 같은 인간이 아니라 발명가에 의해 태어난 인조인간이라는 차이가 있습니다. 에드워드는 처음부터 인간으로 만들어진 것이 아니라 애초에는 쿠키를 만드는 커다란 기계의 일부로 음식 재료를 자르고 다지는 기계였습니다. 어느 날 발명가는 완성된 쿠키를 집어 들더니 하트 모양의 그 쿠키를 기계의 가슴에 해당하는 부위에 가져다 댑니다. 이내 만족한 표정을 짓더니 기계에 생명을 불어넣습니다. 그리하여 이 기계는 애드워드라는 이름을 가진 인조인간으로 거듭납니다. 그는 에드워드에게 책까지 읽어주는 세심한 배려를 통해서 인간의 감성을 심어주려 애씁니다. 그러나 발명가는 에드워드의 손을 만들다 급작스럽게 죽어버립니다. 에드워드는 양배추를 다지던 칼들을 그대로 단 채로 인간의 세상 속으로 빨려 들어갑니다. 그는 여러 날이 달린 가위손으로 능숙하게 정원을 손질해서 이웃들에게 칭찬을 받습니다. 그의 능력은 어떤 정원사보다 뛰어났습니다. 그의 가위질은 섬세하기까지 해서 여인들의 머리 손질에도 발군의 실력을 보입니다. 헤어디자이너가 된 것이지요. 그러나 인간에게 유용했던 가위손이 인간들의 욕망에 이용되기 시작하면서, 에드워드는 사회에 무질서를 야기하는 존재가 되고 맙니다. 결국 그는 인간 세상에서 쫓겨나고 맙니다. 손을 가위로 디자인하는 것은 인간이 아닌 짐승의 영역입니다. 결국 애드워드는 여인을 겁탈을 하고 도둑질을 일삼는 짐승으로 낙인 찍혀 다시 자기의 세계, 인간이 접근할 수 없는 자연, 폐허로 무질서한 그의 성城에 갇히고 맙니다. 이 내용을 아름다운 러브스토리로 담아내고 있지만, 이 영화에는 짐승의 디자인 즉 자연을 문화로 편입시키지 못하고 배척해버리는 그들의 이성 중심적 사고가 숨어 있습니다.

그런데 생각해보면 정말 이상합니다. 랍스터는 자신의 손을 가위로 만드는데, 인간은 왜 못할까요? 대답은 간단합니다. 반복하자면, 인간은 손을 가위로 쓰지 않고 가위를 만들어 손으로 씁니다. 인간은 도구를 만들어 쓰지, 몸을 도구로 만들지 않는 것이지요. 세상의 어떤 동물도 추위를 견디기 위해 옷을 해 입지 않습니다. 그들은 추위를 극복하는 방법으로 다른 수단을 찾습니다. 곰은 몸의 외피에 털을 씌워 몸뚱이 자체를 옷으로 만듭니다. 물론 겨울을 나는 방법은 생명마다 다릅니다. 모든 생명이 추위를 견디기 위해 몸을 털로 덮는 건 아니니까

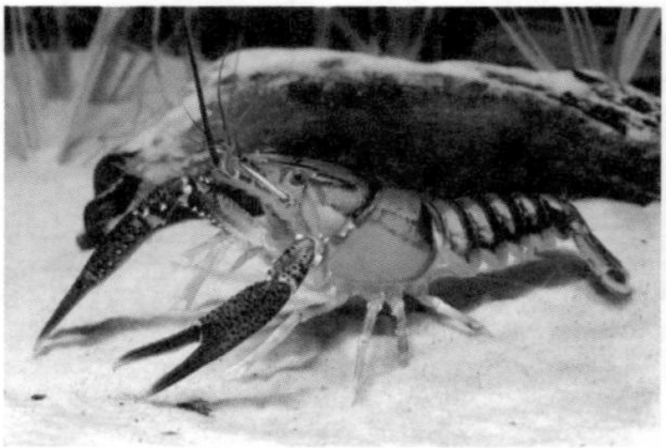
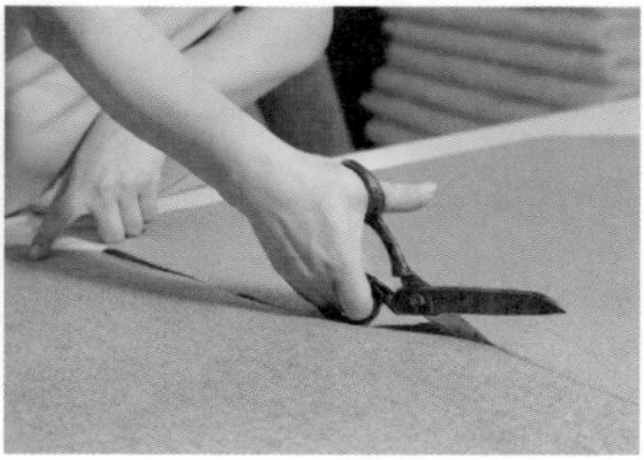

랍스터의 집게와 인간의 가위

요. 인간처럼 털 없는 생명도 많습니다. 그중에는 뱀처럼 체온을 조절하면서 잠을 자는 생물(인간은 뱀과 달리 체온을 조절하는 도구를 몸에 장착하는 대신 몸 밖에 냉난방 기구를 별도로 만듭니다)도 있고, 곤충처럼 끊임없이 변신을 하며 사는 경우도 있습니다. 이 변신을 우리는 변태變態라고 하지요. 자신의 몸 구조와 형태를 바꿔가며 기후에 대응하는 것입니다. 따뜻한 날씨에 화려하게 생활하다가 날씨가 추워지면, 고치가 되었다가 이듬해에 어른벌레가 됩니다. 때로는 겨울을 견디기 위해 알로 태어나서 추운 겨울을 보낸 후 애벌레로 몸을 바꾸고 환경에 적응합니다. 이 불가사의한 변태는 도구를 만들지 못하는 그들이 추위와 더위 등 기후를 이겨내기 위한 방법 중 하나입니다. 이들 생명들의 공통점은 외부의 기후에 대응하는 방법으로 자신의 몸을 새롭게 디자인하는 겁니다. 곰은 변태까지는 아니지만, 몸을 털로 덮어 버립니다. 이들이 집이 없어도 살 수 있는 까닭입니다. 스스로를 디자인할 수 있는 이상 굳이 집을 지을 까닭이 없습니다. 집을 지어 보면 그 일이 얼마나 소란스러운지 알 수 있잖아요? 그들은 짧은 생生 동안 쉴 곳을 확보하기 위해 서로 싸우고 다투는 일이 얼마나 미련스러운지 본능적으로 알고 있는지도 모릅니다.

날개 없는 나방을 디자인하다

인간과 다른 생명은 왜 이토록 다를까요? 프랑스 철학자 앙리 베르그송Henri Bergson (1859~1941)은 이를 매우 흥미롭게 설명합니다. 그는 그의 책 《창조적 진화》(아카넷)에서 진화론을 새롭게 전개합니다. 다른 생명과 인간이 이토록 다르게 진화한 까닭이 무엇인지에 대해 궁리합니다. 그리고 얻은 답 중 하나가 '도구'입니다. 그는 인간을 호모 사피엔스homo sapiens(생각하는 인간)가 아닌 호모 파베르homo faber(도구적 인간)로 불러야 인간에 대한 엄밀한 정의가 된다고 주장합니다. 그의 주장에 따르면 인간을 제외한 모든 생명은 자연에 적응하기 위해 자기 몸의 형태를 바꿉니다. 그는 이를 유기적有機的 도구라고 합니다. 즉 생존을 위한 도구를 자신의 몸에 디자인해서 장착한다는 의미이지요. 랍스터처럼 말입니다. 현재 진행형으로 자신의 몸에 디자인을 진행하는 생물은 없을까? 있습니다. 겨울자나방은 환경에 적응해서 지금 몸을 다시 디자인하고 있습니다. 하늘을 날아야 하는 나방임에도 자신의 본분을 잊고(?) 암컷에게서 날개가 퇴화되었습니다. 아니 퇴화는 아직도 진행 중입니다. 그래서 어떤 암컷에게는 날개가 있던 흔적조차 없지만, 어떤 암컷에게는 날개가 있던 흔적이 남아 있습니다. 어째서 하늘을 나는 우아한 날개를 포기한 걸까요? 날개 없는 나방의 몸뚱이를 상상한다면, 절대로 날개를 포기하지 않았을 것 같습니다. 그러나 이들이 날개를 포기할 수밖에 없던 데에는 현실적인 이유가 있었습니다. 이들은

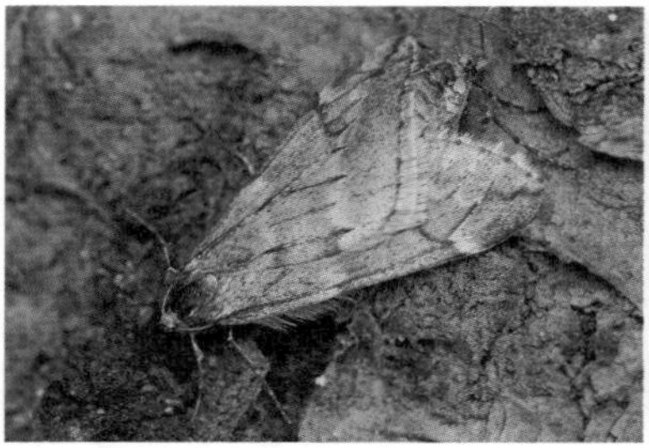

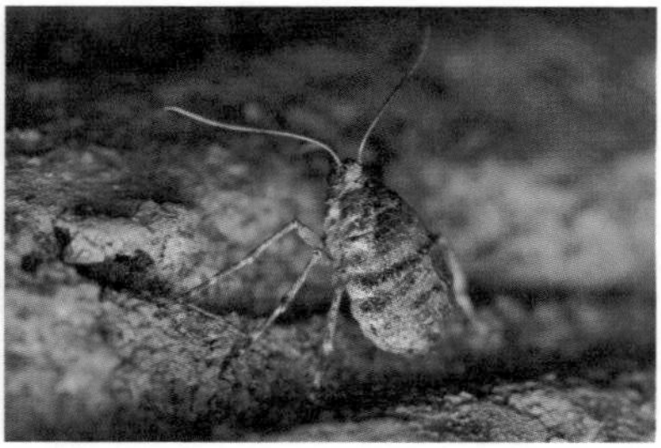

왼쪽은 겨울자나방 수컷, 오른쪽은 암컷

다른 나방과 달리 추운 겨울 짝짓기를 합니다. 날개를 포기한 것은 아마 이것과 관계가 있을 것 같다는 것이 《곤충의 사랑》의 저자 성기수의 의견입니다. 나방은 밤에 활동하는데, 추운 겨울이라면 막 땅거미가 진 시간 그나마 아직 햇볕의 잔열이 남아 있는 잠깐뿐입니다. 그 잠깐을 위해서 날개를 갖는다는 것은 너무 심한 낭비가 아닐까요? 겨울에는 천적도 적기 때문에 굳이 많이 날 필요가 없습니다. 오히려 만물이 숨을 죽인 겨울 하늘을 날아다니는 행위는 위험천만한 일입니다. 그래서 암컷은 더 안전하게 2세를 낳을 수 있는 형태로 몸을 새롭게 디자인한 것입니다. 암컷은 꽁지에 페로몬 한 방울을 짜내서 짝지을 수컷 나방을 부릅니다. 암컷은 날아다니면서 만날 위험을 수컷에게 지우고 스스로의 날개를 없애 버린 것이지요. 여러분이 한겨울 눈 덮인 산자락을 지나다가 나방 수십 마리가 날갯짓하며 추는 군무를 만난다면, 아마도 그들은 지금 한 마리의 암컷을 찾아와 사랑의 무도회를 연 것이 틀림없습니다. 누군가 암컷의 선택을 받아 짝짓기를 시작하면, 겨울자나방은 하나 둘 무도회장을 떠납니다. 사람과 조금 다르지요? 의외로 신사들입니다. 이제 짝을 찾은 암컷 겨울자나방은 이내 2세를 낳을 것입니다. 곤충은 이렇게 몸을 스스로 디자인하면서 살아갑니다.

그런데 인간만 유일하게 자신의 몸을 자연에 적응시키기보다 필요한 것을 외부에서 조달합니다. 베르그송은 이를 무기적無機的 도구라고 합니다. 즉 다른 물체를 조작해서 도구로 만들어 씁니다. 앞에서 본 것처럼 곰은 겨울을 나기 위해 털옷을 만드는 대신 아예 몸을 털옷으로 디자인해 버립니다. 오로지 인간만이 자기 몸을 디자인하지 않고, 외부의 물건을 디자인하여 이를 도구로 만들어 씁니다. 굳이 베르그송의 주장이 아니어도 우리가 눈으로 확인할 수 있는 범위에서 모든 생명은 도

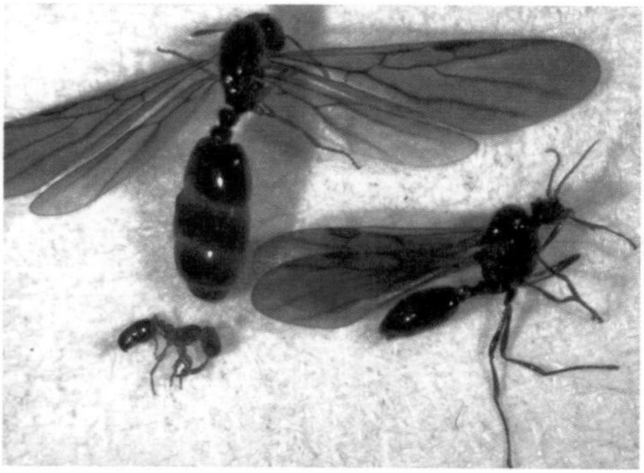

왼쪽 상단부터 여왕개미, 수개미, 일개미

구를 만들기보다 몸을 도구화합니다. 변태 못지않게 자신의 디자인 능력을 드라마틱하게 보여주는 곤충이 바로 개미입니다. 이 친구들은 분명 같은 종이고 때로는 같은 식구지만, 하는 일에 따라서 생긴 모습이 전혀 다릅니다. 즉 같은 식구임에도 자기가 하는 일에 따라서 몸을 전혀 다르게 디자인해 버립니다. 여왕개미와 일개미, 수개미는 생김새가 다르고 크기도 다르고 몸의 기능도 다릅니다. 그냥 다른 게 아니라 전혀 다릅니다. 개미 종류에 따라서는 일개미의 몸집이 여왕개미의 수천분의 일밖에 안 되는 경우도 있습니다. 여왕개미는 날개까지 달려 있잖아요? 때로 디자인은 훨씬 복잡한 장치까지 담아냅니다. 거미는 놀랍게도 제 몸에서 실을 뽑아냅니다. 인간은 물레를 만들고 방직기계를 만들어 돌리지만, 거미는 몸 자체를 물레나 방직기계로 디자인하여 직접 실을 뽑아내는 거죠. 사실 생각하면 이 얼마나 놀라운 일인가요? 거미는 거미줄을 통해 전해지는 미세한 움직임으로 먹잇감을 확인하고 단숨에 제압합니다. 단 한 번에 급소를 찔러 움직이지 못하게 합니다. 고도의 무공을 익힌 무협지

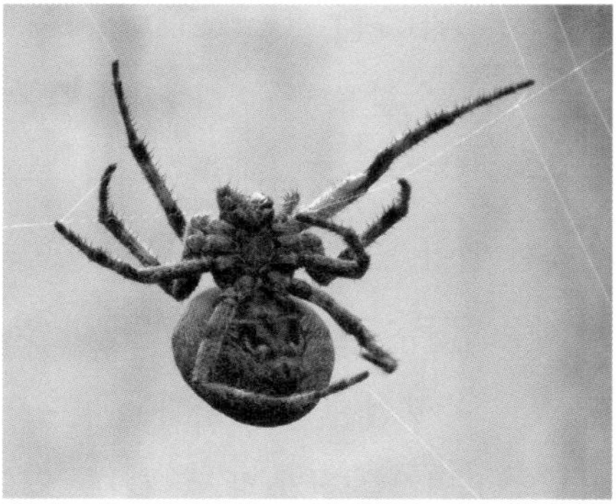

거미

의 주인공을 연상시킵니다. 이때 놀랍게도 먹잇감은 죽지 않습니다. 죽고 싶어도 죽지 못합니다. 신경이 마비되어 움직이지 못하기 때문입니다. 이는 고도의 생존전략입니다. 만약에 엉뚱한 곳을 찔러 먹이가 죽어버린다면, 먹이는 바로 썩기 시작하고, 어렵게 잡은 먹이는 다음 날이면 이미 먹이가 아니라 쓰레기가 되고 말 것입니다. 이 무서운 내공을 거미는 훈련 한 번 하지 않고 몸에 장착한 것입니다. 이게 디자인입니다. 이 복잡한 과정은 언뜻 지성적인 행위들로 느껴집니다. 그러나 이들은 이를 이성적인 판단이 아니라 본능으로 해결합니다. 마치 갓 낳은 아이가 어머니의 젖가슴을 찾는 것처럼 말입니다.

인간 역시 어느 순간까지 본능을 통해 자기 몸을 디자인하는 데 집중했습니다. 아마도 이것은 추위와 맞닥뜨리기 전까지는 더욱 심했을 것 같습니다. 그래서 인간도 암컷이 다르고 수컷이 다릅니다. 여자는 가슴과 엉덩이가 나오고 남자는 생식기가 나옵니다. 19세기 동물학자인 베르그만Karl Georg Lucas Christian Bergmann(1814~1865)이 재미있는 연구 결과를 발표했습니다. 인간 같은 항온동물은 에너지를 사용하여 체온을 일정하게 유지해야 합니다. 추운 곳에 사는 동물은 체온 유지를 위해서 열이 몸 밖으로 나가는 것을 최소화해야 하고, 거꾸로 더운 곳에 사는 동물이라면 몸에서 발생한 열을 몸 밖으로 빨리 내보내야 합니다. 열은 피부를 통해서 나가고 들어오므로, 추운 지방에 사는 동물은 피부의 표면적을 작게 해서 나가는 열의 양을 줄입니다. 그래서 추운 지방의 동물들은 덩치가 더 커집니다. 언뜻 잘못된 것 같지만, 계산을 하면 그렇게 나옵니다. 몸의 가로, 세로, 높이의 길이가 두 배가 되면 부피는 8배, 표면적은 4배 증가합니다. 즉 부피가 커질수록 표면적의 비율이 줄어듭니다. 따라서 추운 지방에 사는 동물은 몸의 크기가 클수록 체온유지에 유리하고, 더운 지방에 사는 동물은 작을수록 유리합니다. 이걸 베르그만의 이름을 따라서 베르그만의 법칙Bergmann's rule이라고 하는데, 인간도 이 법칙에서 예외가 아닙니다. 북쪽 유럽 사람의 체격이 남쪽의 아프리카나 아시아 사람 체격보다 더 큰 이유입니다. 유럽 사람과 결혼하는 한국인이 있다면, 이 점을 참고해야 결혼 생활을 무난히 할 수 있습니다. 나는 추운데, 배우자는 괜찮다고 해서 약간의 다툼이 발생할 수 있습니다. 그게 바로 디자인의 차이입니다.

그러나 이런 기본적인 관계를 넘어가면 인간과 다른 생명이 스스로의 몸뚱이를 디자인하는 능력은 하늘과 땅 차이입니다. 당장 개미만을 봐도 몸을 디자인하는 능력에서 인간은 개미의 적수가 될 수 없습니다. 베르그송에 따르면 우리에게 있는 지성은 인간이라는 생명이 진화하는 과정에서 형성된 것입니다. 곤충을 포함한 동물은 진화과정에서 지성 대신 본능을 선택해서 발전시킨 것이고요. 그의 주장에 따르면 도구를 만드는 인간과 도구를 몸에 장착하는 생명, 이 둘은 진화의 다른 길을 선택했을 뿐 어느 쪽이 더 우월하다고 할 수 없습니다. 인간이 지성을 발전시켜 매우 성공적으로 진화한 것처럼 개미나 거미 역시 그들의 본능을 매우 성공적으로 발전시키며 진화해 왔으니까요. 이를 디자인 관점에서 본다면, 다른 생명은 본능을 발전시켜 자신의 몸을 디자인했고, 인간은 지성을 발전시켜서 외부 물체(대상)를 디자인하도록 진화했습니다. 인간은 같은 문제를 다른 방법으로 해결한 것일 뿐 다른 생명보다 더 우월한 것은 아닙니다.

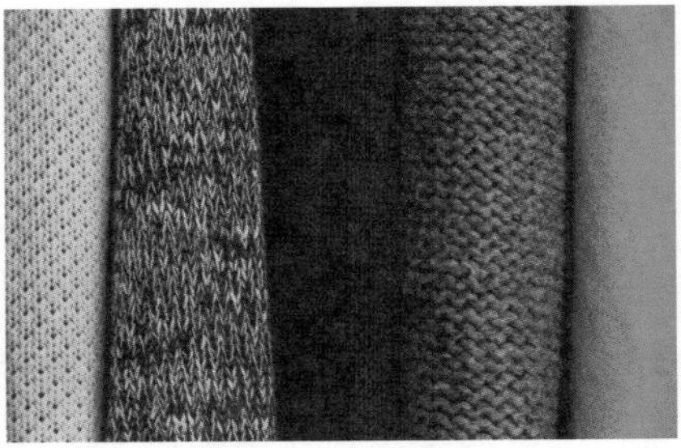

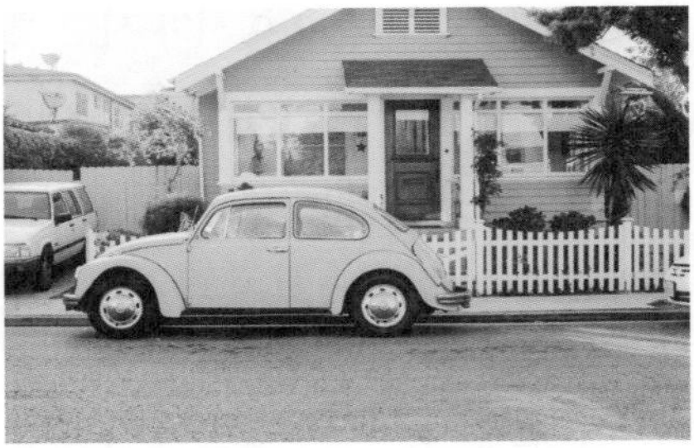

외부 대상을 디자인한 옷과 집

큰 틀에서 보면 식물과 동물은 서로의 특징을 같이 갖고 있고, 동물과 인간 역시 서로의 특징을 함께 갖고 있습니다. 그래서 인간에게는 본능이 동물에게서는 지성이 발견될 수 있습니다. 진화라는 관점에서 생각해보면, 자기 2세의 둥지를 자기 몸에 디자인한 캥거루보다 나무에 둥지를 짓고 그곳에서 2세를 기르는 곤충이나 새가 오히려 인간과 비슷한 경향으로 진화해왔다고 볼 수도 있습니다. 외부의 대상을 디자인하여 육아 문제를 해결한다는 점에서 그들은 일정 부분 지성을 발전시킨 것으로 보이니까요. 린네의 계문강목과속종이라는 생명 분류표는 린네의 의견일 뿐 디자이너의 눈으로 보면 맞지 않는 엉터리 주장입니다.

특별한 디자인, 건축

인간을 제외한 어떤 생명도 자연과 자신 사이에 인공물을 설치하지 않습니다. 그런데 인간은 자연과 자신 사이에 옷도 있고 집도 있습니다. 유독 인간만이 자연과 자신의 살 사이에 별도의 피부를 두는 것이지요. 인간이 만든 옷과 집이 하는 구실은 매우 다양합니다. 추운 겨울에는 추위를 막는 털가죽이 되기도 하고, 동물이 인간을 공격을 할 때는 거북의 등짝 같이 견고한 방패가 되어주기도 합니다. 특히 디자인 면에서 의미 있는 것은 자연이 모든 생명에게 고르게 나누어주는 빛과 비를 인간은 원하는 만큼만 받을 수 있다는 점입니다. 인간의 독특한 디자인은 집과 옷이 있어서 가능한 것입니다. 특히 집의 이런 능력은 탁월합니다. 인간은 이 독특한 디자인을 통해서 인간만의 문화를 탄생시켰습니다. 바로 다른 생명에게는 없는 사생활이 생긴 것이지요. 일반적으로 사생활이 먼저인지 옷이 먼저인지도 크게 생각하지 않지만, 옷이라는 도구가 생기면서, 그리고 이보다 더 많은 것을 감출 수 있는 집이 생기면서 사생활이 생기지 않았을까요? 특히 자신의 것을 쌓아둘 공간이 생기면서 사유재산이 생겼고, 독점적으로 지배할 가족이 생겼다는 추측이 가능하지 않을까요? 그리고 종국에는 집이 그 사람의 정체성을 드러내는 상징성을 획득했을 것입니다. 옷과 집이 인간의 역사에서 차지하는 비중이 매우 큽니다. 특히 디자인의 역사에서라면 더 크겠지요.

집을 대하는 태도에서 동양과 서양은 많이 다릅니다. 자연을 인간의 집으로 곧잘 생각하는 동양에서 집은 자연에 가깝습니다. 이에 비해 인간의 주체성이 발달한 서양에서 집은 자연과 꽤 먼 거리에 있습니다. 서양에서 집은 곰의 털가죽 쪽에 가깝다고 볼 수 있습니다. 그들은 집을 자연의 연장이 아니라 인간의 연장으로 생각합니다. 그래서 집이 때때로 인간 자체를 의미하기도 합니다. 이런 생각은 자연을 집의 적으로 돌리게 하는 단서가 되기도 합니다. 그러다보니 그들에게 집은 인간과 자연이 격렬하게 부딪히는 장소이고, 자연의 공격에 대응하는 갑옷 같은 것입니다. 가스통 바슐라르Gaston Bachelard(1884~1962)가 쓴 《공간의 시학》(동문선)에는 이런 관점이 적나라하게 드러납니다.

> 집은 용감하게 싸웠다. 처음에는 슬피 울부짖는 것 같았다. 더할 수 없이 세찬 바람이 집을 사방에서 동시에 명백한 증오나 너무나 광분한 노호로써 공격해왔으므로 때로 나는 두려움으로 몸을 떨었다. 그러나 집은 견뎌냈다.

우리나라 철학자들이 매우 사랑하는 가스통 바슐라르의 자연관입니다. 그래서 그들의 집은 곰의 털이고 랍스터의 가위손 같은 개념입니다. 그러나 우리는 집을 곰의 털이 아니라 옷으로 접근해왔습니다. 즉 자연과 인간 사이의 '사이' 개념으로 집을 받아들여서, 언제든 집은 자연이 되기도 하고, 인간이 되기도 합니다. 즉 우리에게 집은 자연이나 인간 어디에든 속할 수 있습니다. 특히 우리에게 집은 자연에 매우 우호

적입니다. 집이 인간과 자연 사이의 옷 같은 것이라면, 옷이야 바꾸면 되는 일이니 이 때문에 자연을 훼손할 일은 없었습니다. 그래서 우리는 집보다 집의 터전인 자연을 중요시했고, 집 안에 사는 사람을 중시했습니다. 외부에 대해서 개방적인 한옥은 자연을 결코 적대시하지 않았습니다. 그리하여 한옥의 디자인은 다른 나라의 어떤 건축보다 자연을 닮았습니다. 그래서 우리는 집을 성처럼 견고하게 짓는 일이 없었습니다. 아무튼 그것이 집인 한 서양의 집이든 우리의 집이든 인간이 만든 위대한 디자인 자산임은 틀림없습니다.

자연, 한옥, 그리고 디자인

집을 옷으로 생각하기보다 곰의 털가죽으로 받아들인다면, 그들에게 집은 몸의 연장일 수밖에 없습니다. 당연히 인간과 자연의 경계가 결연해지고, 집은 자연에 적대적인 형태를 취할 수밖에 없습니다. 그래서 집을 지을 때 자연의 선good을 추구하기보다는 자신들의 강한 의지를 담아냅니다. 그래서 자연을 압도할 만한 큰 것을 좋아합니다. 로마 이후 최근까지 서양의 건축은 늘 자연에 도전적인 이미지입니다. 그런 면에서 자금성으로 대표되는 중국의 건축도 크게 다르지 않습니다. 폐쇄적이고 과시적인 살림집의 모습도 서양과 중국에서 유사하게 나타납니다. 중국의 사합원을 비롯해서, 중국의 중심세력인 한족의 대표적인 건축인 휘주주택 토루 요동은 모두 외부에 대해 단호한 형태를 취합니다. 로마의 도무스 주택 이후 서양 건축도 크게 다르지 않아 보입니다. 중국과 서양은 그들의 관념을 통해 건축을 설명합니다. 자연 역시 그들의 관념을 통해서 번안飜案된 자연입니다. 그래서 그들에게 자연은 부자연스럽게 겉돕니다. 현대 건축가들의 작품 역시 여기서 크게 벗어나지 않습니다. 강한 수평선을 강조한 사보아 주택을 디자인한 르코르뷔지에, 시그램 빌딩을 디자인한 미스 반 데어 로에, 로비하우스를 디자인한 프랭크 로이드 라이트 모두 기하학적인 건축을 기본으로 합니다. 자연을 무질서로 규정하고 여기에 인간 이성의 질서를 부여하려는 그들의 태도가 건축에서 매우 집요하게 반복됩니다. 이에 비해 우리 전통건축 디자인은 자연에 대해 매우 친근한 디자인입니다. 때로는 자연과 하나의 흐름으로 건축

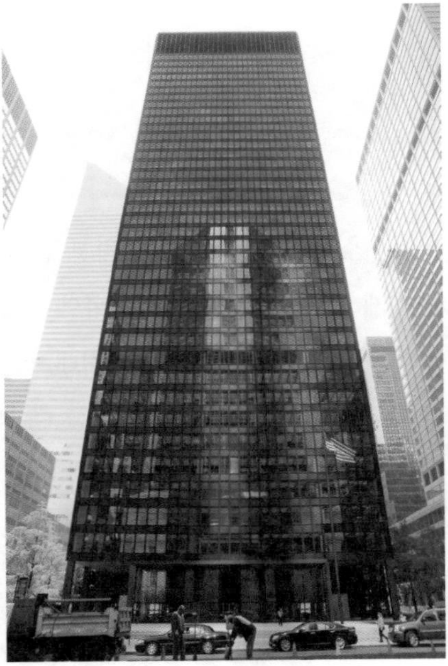
시그램빌딩

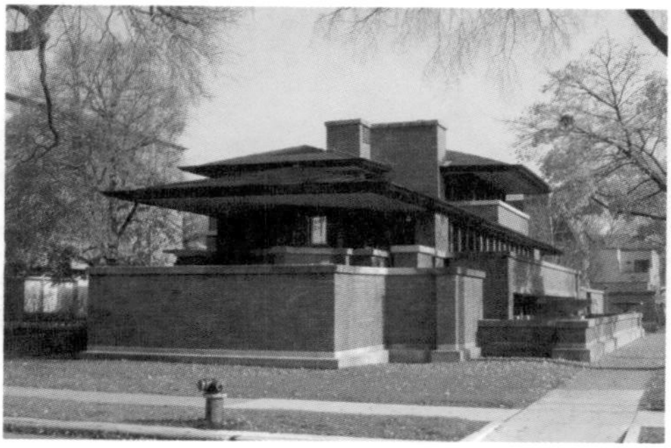

로비하우스

의 형태를 완화시킵니다. 그래서 중국처럼 웅장한 집을 짓고 그 주변에 인공적으로 자연을 조성하거나, 서양처럼 뚜렷한 인공 정원을 갖춘 거대한 건물을 세우기보다 아예 자연 속에다 집을 짓는 쪽을 선택합니다. 이것이 우리 건축 디자인의 특징입니다. 우리는 건축을 곰의 털가죽이 아니라 옷이라고 생각해서, 건물을 자연과 구분해서 독립적으로 인식하기보다 자연의 흐름 속에서 인식합니다.

한옥이 자연과 일체감을 형성하면서 태어난 곡선이 현대 디자인에서 매우 중요한 가치를 인정받고 있습니다. 그러나 디자인에서 만나는 곡선이 모두 자연에서 출발하는 것은 아닙니다. 서양의 산업디자인에서 활용되는 곡선은 자연과의 호흡을 통한 디자인이 아니라 항공기의 유선형에서 출발한다는 점이 이채롭습니다. 현대 디자인에서조차 자연보다는 이성에 무게를 두는 그들의 태도를 읽을 수 있습니다.

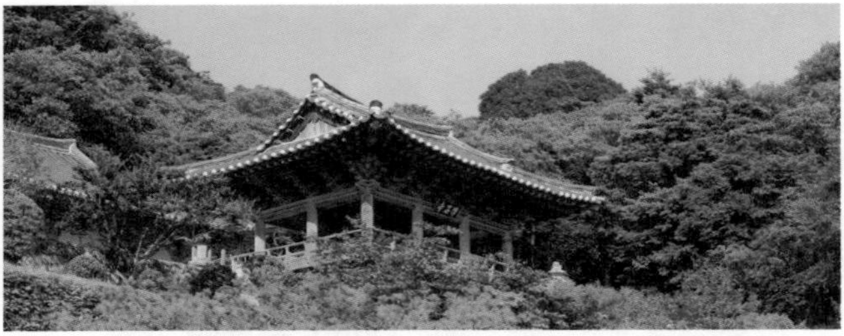

자연에 친근한 디자인 한옥

디자인은 반복에서 나온다

디자인은 반복에서 태어난다

디자인이 사람들의 관심을 받고 하나의 독립된 탐구대상이 된 것은 비교적 최근의 일입니다. 산업혁명이 진행되고 식민지가 개척되어 시장이 커지자 유럽의 자본가들은 상품을 대량으로 찍어내기 시작합니다. 보기 좋은 떡이 먹기도 좋은 법이니, 이런 와중에 디자인이 사람들의 관심 속으로 들어섰습니다. 그러나 이때는 여전히 디자인이 제품에 종속된 형태여서 디자인이 자신의 독자적인 모습을 드러내기 전입니다. 디자인이 지금처럼 자신의 존재를 화려하게 드러낸 것은 20세기에 들어와서입니다. 특히 2차 세계대전 이후 디자인의 중요성이 커졌습니다. 소위 산업디자인이 제 모습을 드러냈습니다.

디자인이 독자적인 영역으로 출현한 계기를 기술발전과 대량생산에서 찾는 사람이 많습니다. 기술발전이 대량생산으로 이어지는 점을 생각하면 대량생산은 디자인 출현의 기본적인 조건입니다. 무언가를 만들어 놓은 것이 디자인으로 살아남으려면 여러 사람에게서 디자인으로 동의를 받아야 한다는 뜻입니다. 나 혼자 아무리 좋아해봐야 타인이 싫어한다면 의미가 없는 게 디자인입니다. 이는 디자인과 예술의 출발지점이 다르기 때문입니다. 예술은 때로 자신만의 사유 세계를 드러내는 것만으로도 충분히 대우를 받을 수 있지만, 디자인은 그럴 수 없습니다. 이와 관련해서는 디자이너 최경원의 이야기가 흥미롭습니다. 그는 그의 책 《우리가 알고 있는 문화 버리기》에서 디자인의 출현 계기를 대량생산이라는 쪽에 방점을 찍습니다. 대량생산의 계기를 기술 발전이 아니라 근대국가의 출현에서 찾고 있다는 점이 특이합니다. 디자인의 출현을 근대국가의 출현으로 본 그의 관점은 매우 창의적입니다. 도시국가 위주로 발달한 서양에서 근대국가가 출현한 시기가 급격한 기술발전이 이루어지던 시기와 겹치면서, 착시현상이 생겼다는 것이 최경원 주장의 요지입니다. 하지만, 유럽이 늘 작은 도시국가로만 유지된 것은 아니었다는 점도 한 번 고민할 필요가 있을 것 같습니다. 아무튼 그의 시선으로 보면, 삼국시대 이미 국가체제가 형성되어 있던 우리나라에는 오래 전에 대량생산 시스템이 있었고 디자인의 역사도 그만큼 긴 셈이 됩니다. 그래서 국가 주도하에 대량생산된 고구려 갑옷이 포드 자동차의 대량생산과 비견된다고 지적합니다. 그의 주장을 직접 들어보지요.

봉건 사회는 규모도 작고, 외부와는 단절된 공동체로 자급자족을 기본으로 하는 고립된 경제체제였다. 이런 체제 내에서는 수요나 공급이 대량으로 이루어지기 어려웠다. 그런데 18세기를 기점으로 유럽 사회에 국가가 등장하기 시작했다. 의회혁명과 프랑스 혁명을 통해 영국과 프랑스가 먼저 스타트를 끊었고 (…) 새로이 등장한 국가는 이전의 봉건 사회와는 비교할 수 없을 정도로 규모가 큰 사회 시스템이었다. 또한 경제적으로도 봉건사회와 상품 수요의 총량에서 비교가 되지 않았다. 자연히 수공예적 생산방식은 퇴화하고 대량생산체제로 되어갔다. (…) 기술이나 과학, 산업혁명 등의 현상은 모두 이런 구조적인 변화에 따른 하부현상일 뿐이다. 이런 두 가지 배경에는 근대에 새롭게 탄생한 국가가 자리 잡고 있다.

포드 자동차와 고구려 갑옷을 같은 선상에 놓고 설명한 최경원의 주장은 유쾌하고 통쾌하지만, 그가 놓친 부분이 있습니다. 대량생산이 꼭 동시 생산을 의미할 필요가 없다는 점입니다. 그래서 디자인에는 대량생산이라는 말보다는 반복생산이라는 말이 더 적합합니다. 그래야 디자인이 좀더 보편적인 가치를 획득할 수 있습니다. 다시 처음으로 돌아가 보지요. 처음 옷을 해 입은 인류는 다양한 시도를 했을 겁니다. 모든 사람이 똑같이 옷을 해 입을 수는 없었을 테니까요. 어떤 사람은 가죽으로 몸을 둘둘 말아 감고 추위에 맞선 사람도 있었을 테고, 그 모습을 보고는 도저히 아니다 싶어 목이 들어갈 자리에 구멍을 내고 원피스처럼 해 입었을 수도 있습니다. 추위를 많이 타는 사람이라면, 사타구니에 가죽을 덧댔을 수도 있겠지요. 그러다 냄새를 감당 못해 다른 방법을 시도했을지도 모릅니다. 예가 점잖지 못했나요? 아무튼 하는 일에 따라서도 접근하는 방법이 달랐을 것입니다. 숲을 헤집고 다니면서 빠른 몸놀림으로 사냥감과 씨름을 하던 사냥꾼이라면 간결한 디자인이 중요했을 테고, 마을에서 굿이나 하고 점이나 봐주던 사제라면 따뜻하고 품위 있는 디자인이 더 나았을 것입니다. 이러다 보니 옷은 다양하게 만들어질 수밖에 없었습니다. 사람들은 저마다 호감을 주는 디자인을 참고해서 점점 통일된 옷을 해 입었을 것입니다. 디자인의 반복이 여기에서 보입니다. 우리에게 유물로 남은 디자인들은 그런 것들입니다. 유물을 뒤진다고 해도 옷은 남아 있을 리 없고, 토기를 볼까요. 토기는 지역마다 일정한 형태로 나타납니다. 일본에서는 새끼줄 무늬 토기가 발견되지만, 우리나라에서는 빗살무늬 토기가 발견됩니다. 지역마다 디자인에 차이가 있었던 것이지요. 이 토기들은 그 지역에서 디자인으로 살아남은 것들입니다. 청동기시대의 상징물이 된 세형동검도 일정한 디자인을 반복하고 있습니다. 반복되는 한 그것은 장기적으로 계속 생산될 수밖에 없고, 대량생산과 같은 결과를 초래합니다. 그래서 디자인의 특성은 대량이 아니라 반복이라는 쪽에 방점을 찍어야 합니다. 세형동검이 디자인이 될 수 있었던 것은 그 디자인이 계속해서 생산되었기 때문이지, 동시적인 대량생산 때문은 아니니까요. 만약에 빗살무늬토기가 대량생산된 것이 아니라면 우리는 그것을 아마도 예술품으로 대접해야 할 것입니다. 그러나 우리는 그것을 디자인으로 접근하는 게 보통입니다. 그래서 디자인은 근대의 문제가 아니라 전시대를 아우르는 반복의 문제입니다.

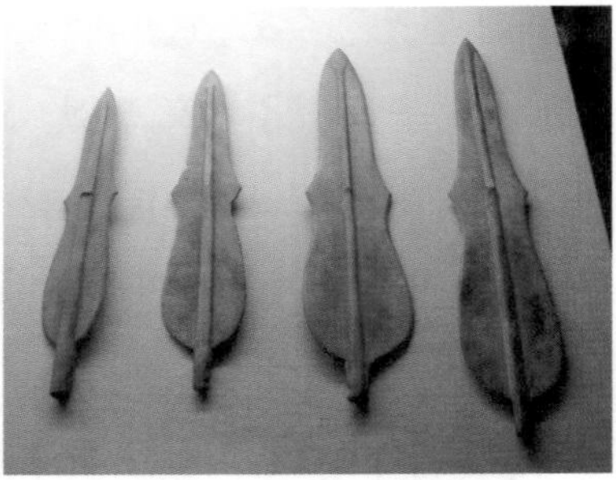

세형동검

그리고 하나 덧붙이자면, 디자인에서 반복은 중요하지만, 꼭 판매를 위한 것일 필요는 없다는 것입니다. 너무도 당연할 것 같은 이 말을 굳이 꼭 짚어서 이야기하는 까닭은 근대에 판매를 위해 디자인이 활용되면서, 특히 2차 세계대전 이후에는 디자인의 성격 자체가 크게 바뀌기 때문입니다. 그래서 그 전과 후는 하늘과 땅만큼 디자인 개념에 차이가 생깁니다. 아무튼 디자인을 반복으로 접근한다면, 디자인을 우리가 먼저 쓴 개념이다 아니다 다툴 필요가 없습니다. 우리 디자인에 대해 말하기 위해서 굳이 서양의 디자인 역사를 들출 필요도 없습니다. 한 발 더 나아가 디자인을 인간만의 특징이라고 할 까닭도 없습니다. 다른 방향으로 발전시켰을 뿐이지 디자인은 인간과 다른 생명 모두에서 보이니까요. 그래서 디자인은 공간적으로 시간적으로 매우 보편적인 자연현상이라는 것을 알 수 있습니다.

자연의 특징, 반복

지금 저는 수많은 반복을 통해 만들어진 의자에 앉아, 수많은 반복을 통해 만들어진 책상 위에서 글을 쓰고 있습니다. 제 눈앞에는 반복을 통해 만들어진 자판과 모니터가 있습니다. 여러분 역시 반복을 통해 생산된 이 책을 보고 계실 테고요. 이 모든 것이 디자인입니다. 그런데 이 반복이 자연에도 그대로 나타납니다. 자 한 번 자연을 둘러보기로 하지요. 멀리 갈 필요도 없습니다. 베르그송은 때로 움직이지 않는 식물과 움직이는 동물을 나누어서, 식물에는 '식물적 마비', 동물에는 '본능'이라는 개념을 부여하고 구분해서 말하기도 하지만, 이 모두 본능으로 설명이 가능하고, 디자인이라는 관점에서 보면 식물과 동물에 큰 차이가 없습니다. 당장 집 앞의 느티나무를 볼까요? 굳이 느티나무가 아니어도 좋습니다. 나무면 어느 것이나 좋습니다. 가로수도 좋습니다. 나무는 튼튼하게 몸을 부풀리면서 하늘로 솟아오릅니다. 좌우로는 다시 가지를 뻗어 올립니다. 대개 나무들은 위로 솟아올라서 옆으로 퍼지는 디자인을 선택해서 이를 몸에 육화肉化시킵니다. 빛을 받아 광합성을 해야 하는 식물 입장에서 이런 형태는 매우 유리합니다. 해가 뜨는 한 스스로를 그림자로 가리지 않습니다. 나무는 기나긴 진화과정에서 많은 시행착오를 거쳐 이 디자인을 자기 몸에 새겼습니다. 이것이 반복의 위대함입니다. 자연을 바라볼 때 인간 스스로 주인이라는 교만만 없다면, 자연이 만든 디자인에 감탄하지 않을 수 없습니다. 까치를 한 번 보세요. 그 모습도 아름답지만, 색을 한 번 보세요. 오로지 흰 색과 검은 색만을 이용해 이렇게 아름다운 디자인을 만들어 내다니! 이런 디자인 능력을 보면서, 인간이 지성적이라는 이유만으로 인간의 디자인 능력이 다른 생명보다 앞선다고 주장하는 건 낯간지럽습니다. 디자인만으로 본다면 본능이 지성보다 못하다고 할 아무런 이유가 없습니다. 이 디자인을 반복하는 것은 튼튼하고 오래 사는 나무만이 아닙니다. 몸을 불리지 못하는 연약한 억새들도 비슷한 형태로 스스로를 디자인합니다. 그들은 바람을 견디기 위해 무리지어 군락하면서 견고함보다는 유연성으로 무장합니다. 견고함과 연약함이 반대말인 것 같지만, 디자인에서 이는 반대말이 아닙니다. 그래서 디자인의 영역은 단순한 이성의 영역이 아닙니다. 그렇다고, 모든 식물이 무조건 하늘로 곧게 오르는 건 아닙니다. 딱딱함과 유연함 어느 것도 버리지 않고, 튼튼한 나무를 타고 빙빙 돌아 하늘로 오르는 나무도 있습니다. 우리는 이를 넝쿨식물이라고 합니다. 넝쿨식물들 역시 꼿꼿

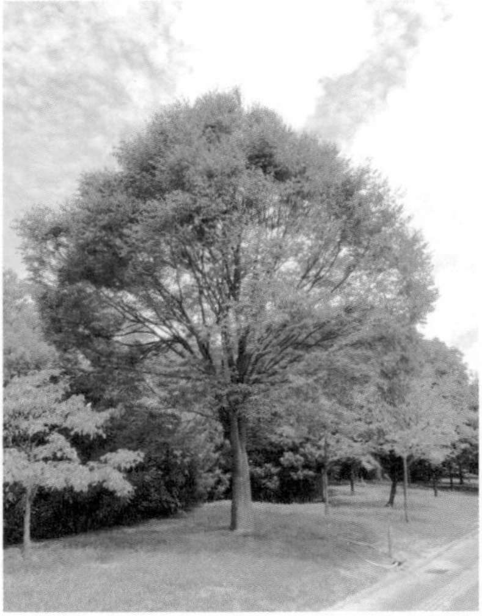
나무

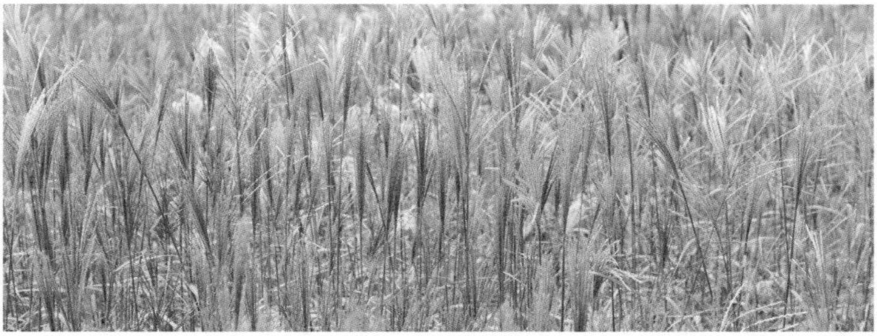

억새

이 몸을 세운 나무처럼 일상에서 흔히 볼 수 있습니다. 넝쿨이든 나무든 억새든 이들이 선택한 생김새는 매우 현실적인 디자인입니다. 어느 것이 더 우월하다고 말하기 힘들지요. 지금 열거한 디자인은 다른 식물에서 반복되면서 살아남은 위대한 자연의 디자인입니다.

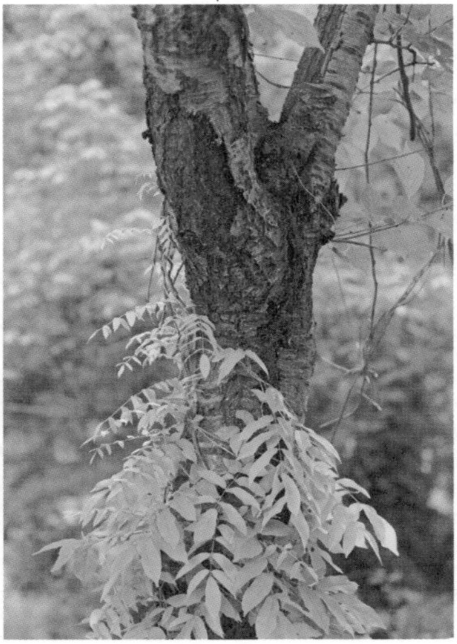

넝쿨

디자인의 반복은 나무 전체뿐 아니라 나무의 부분 부분에서도 나타납니다. 나뭇잎들이 햇빛을 받아 광합성을 하려면 잎사귀의 표면적을 가능한 한 넓게

해야 합니다. 그러다 보니 나뭇잎은 얇아질 수밖에 없습니다. 이 연약한 잎사귀를 지지하기 위해 나무처럼 뻗어나간 지지대를 만듭니다. 식물 거의 대부분에서 이 디자인이 반복됩니다. 태양열을 전기로 바꾸려는 인간의 디자인 역시 이와 비슷합니다. 반복은 꽃에서도 나타납니다. 대개의 꽃은 여러 개의 꽃잎을 원형으로 일정하게 배열하여 완성됩니다. 하나의 개체에서 나타나는 이런 특징이 거의 모든 꽃들에서 반복됩니다. 자연 역시 반복을 통해서 디자인을 만들어왔습니다. 민들레, 들국화, 접시꽃, 코스모스 등 수많은 디자인이 반복을 통해 디자인을 지속적으로 발전시켜왔습니다. 반복은 자연이 스스로를 디자인하는 매우 강력한 툴tool입니다.

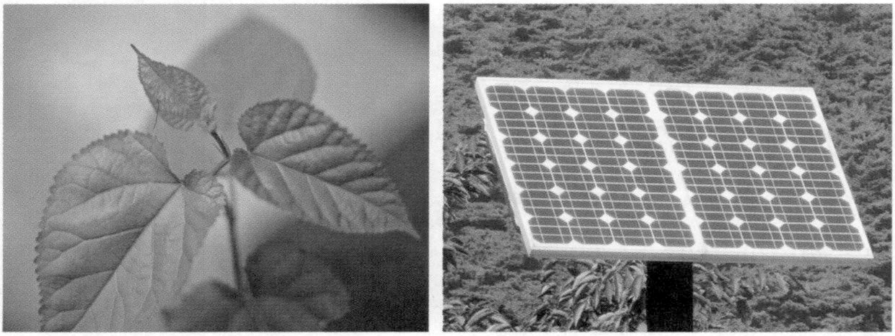

나뭇잎과 태양열판

반복과 차이로 그려지는 자연

식물은 무수히 같은 디자인을 반복하면서 자신만의 디자인을 완성합니다. 분명 큰 틀에서 보면 똑같이 반복하고 있지만, 나무마다 꽃마다 조금씩 차이가 납니다. 베르그송은 이 차이를 생성하는 힘을 약동이라고 표현합니다. 약동은 생명성 자체를 말합니다. 반복하지만 차이를 만들면서 반복하기 때문에 자기만의 디자인을 구현해낼 수 있는 것이지요. 억새와 나무는 반복하고 있지만, 차이를 만들며 반복하고 있습니다. 하나는 두껍게 하나는 얇게. 꽃도 차이의 반복을 통해서 자신의 디자인을 완성합니다. 꽃은 기본적으로 둥글게 기본형을 만들고, 꽃잎을 조각내서 장식하는 형태를 반복하지만, 꽃마다 조금씩 다릅니다. 반복하지만, 차이가 난다는 점에서, 자연의 디자인은 동일함의 반복이 아니라 차이의 반복입니다. 차이를 반복하는 거죠. '차이와 반복'을 좀 더 명쾌하게 느낄 수 있는 시가 있습니다. 시인 고은이 쓴 시 〈독도〉의 일부를 보시지요.

반드시 돌아온다
내가 내 자식이 되어
너에게 돌아온다

내 자식의 담낭

독도

인간의 역사는 어찌 보면 간단합니다. 너무 간단해서 어떤 사람은 허무에 빠지고, 자살에 이르기도 합니다. 사실 생각해보면 사는 게 너무 진부한 것 같기도 합니다. 태어나서 자식을 낳고 죽는 것을 반복하는 것 외에 아무 것도 아니잖아요? 아버지가 아들을 낳고 아들이 다시 아들을 낳는 이 끊임없는 생과 사의 사슬. 너무 간단해서 그래서 언뜻 억울하기도 한 게 우리의 삶이 아닐까 합니다. 그러니 문득 산다는 것이 담배연기처럼 덧없습니다. 하지만, 감상에서 빠져나와 현실적으로 생각해보면, 내가 자식과 똑같을 수는 없습니다. 내 자식이 나와 비슷하다고 느낄 뿐이지, 전혀 다른 개체잖아요. 악마 같은 아버지에게서 천사 같은 자식이 나올 수 있잖아요. 농부 아버지에게서 장사꾼 아들이 나오는 거고요. 그래서 아비에서 아비로 이어지고 자식에서 자식으로 이어지는 이 반복은 무의미하지 않습니다. 차이를 낳는 반복이기 때문입니다. 조선의 역사에서 태종이 반복됐다면, 세종은 나오지 못 했을 것이고 끝없는 혁명만 있었을 것입니다. 굳이 다른 예를 열거하지 않더라도 차이의 반복이 무의미하지 않다는 것을 자연의 수많은 디자인에서 직접 느낄 수 있습니다. 차이의 반복이라는 말이 이제 좀 익숙하지요? 성공적인 디자인은 반복을 통해 무수한 차이를 만들어냅니다. 이를 우리는 차이의 반복이라고 이름 붙이기로 하지요. 물론 이 말은 프랑스의 현대 철학자 들뢰즈Gilles Deleuze(1925~1995)가 이야기한 '차이와 반복'이라는 개념에서 취해온 것입니다.

자연에는 빼어난 디자이너가 많습니다. 막 날아오른 풀무치의 곡선은 웬만한 디자이너가 따라가지 못합니다. 저 완벽에 가까운 디자인은 자연이 그들에게 선물한 것이 아닙니다. 디자인은 생명의지와 관계있기 때문입니다. 내가 살기 위해 살아남기 위해 내 몸을 세상에 적응시킨 것이 디자인입니다. 그게 베르그송이 주장하는 본능이고 지성이라고 할 수 있습니다. 이들을 함께 일러 생명이라고 하는 것이지요. 그들의 우아한 곡선은 사실 아름다움을 위한 것이 아니라 그들이 살아남기 위해 끊임없이 자연과 교감하며 그들의 본능 속에서 그들의 생명의지生命意志가 고안한 디자인입니다.

벚꽃이 피는 화려한 시간이 지나면, 아무도 벚꽃에 신경을 쓰지 않습니다. 바로 그 때쯤 움직이기 시작하는 생명들이 있습니다. 벚꽃이 진 나뭇잎 사이를 살펴보세요, 거기에 숨어든 생명을 만날 수 있습니다. 벚나무의 속살을 파먹던 애벌레들이 자신들이 머물 고치를 만드는 중입니다. 겨울에 태어난 애벌레

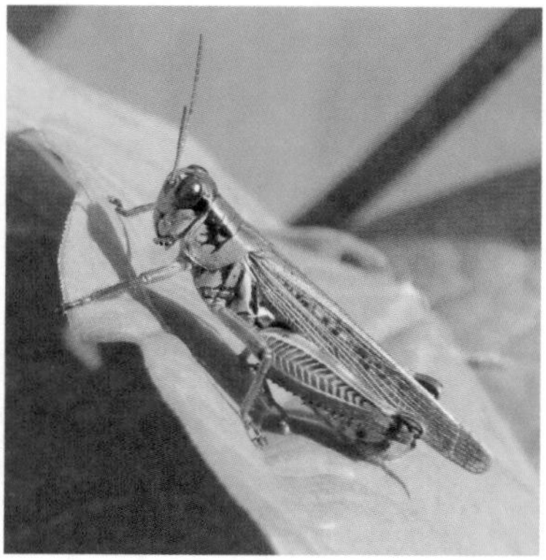

풀무치

들이 긴 겨울 추위를 견뎌내고 밖으로 나와 잠시 뜨거운 여름의 일부를 고치 속에서 번데기로 살 것입니다. 어떤 벌레는 벚나무에 알을 놓지만, 다른 벌레는 참나무에 알을 놓기도 합니다. 나무를 유심히 관찰한다면, 고치를 발견하는 일은 그리 어렵지 않습니다. 곤충의 고치 생김새가 다른 종류의 나방이나 나비에게서 반복되는 것을 확인할 수 있습니다. 그러나 벌레마다 또는 벌레가 앉은 잎사귀마다 조금씩 차이를 보입니다. 자연은 디자인을 스스로 수행합니다. 인간이 하는 디자인은 결국 이 디자인을 모방하는 것에 지나지 않는지도 모릅니다. 자연은 디자이너에게 가장 큰 스승입니다.

DNA를 닮은 디자인

자연에서 빼어난 디자인은 관대합니다. 디자인을 혼자 독점하려 하지 않고, 오히려 다른 개체를 통해서 자신의 디자인을 무한 반복합니다. 좋은 디자인은 반복할 수밖에 없습니다. 우리는 청동기시대 세형동검에서 그것을 확인했습니다. 다른 개체들을 통하여 그 디자인이 반복될수록 그 디자인은 훌륭한 디자인이 됩니다. 무한 반복 되는 원형源型 디자인이 있다면, 아마도 그것이 가장 성공한 디자인일 것입니다. 이 원형 디자인이 자연을 풍성하게 합니다. 앞에서 나무의 예를 들었습니다. 인간이 만든 디자인 중에서 꼽아보자면, 오랜 세월 반복을 통해서 원형을 유지해온 대표적인 디자인이 바지와 치마입니다. 당장 우리가 입고 다니는 바지가 그렇고, 치마가 그렇습니다. 우리 북방민족은 바지를 중국인은 치마를 발전시켰습니다. 북방민족이 바지 디자인을 찾아낸 것은 아마도 말을 타고 격렬한 삶을 꾸려야 했기 때문일지 모르겠습니다. 그리고 추위도 한몫했을 겁니다. 아무튼 두 디자인은 오랜 세월을 두고 반복되었지만, 여전히 수많은 차이를 만들어내며 계속되고 있습니다. 바지는 긴 바지, 반바지, 판탈롱, 쫄 바지 등으로 무수히 차이를 만들며 반복되고, 치마 역시 긴 치마, 짧은 치마, 두루마리 치마, 파인 치마 등으로 무수한 차이를 반복합니다. 흔히 보는 그릇 디자인 역시 아주 오랜 세월 조금씩 차이를 내면서 반복해 왔습니다.

최근 것으로는 선풍기를 예로 들 수 있습니다. 두산 백과사전에 따르면, 1850년대 현재의 탁상선풍기 모양으로 된 선풍기가 나왔고, 이는 태엽을 감아 사용하는 것이었다고 합니다. 그러나 제가 자료가 없어서 그 모양을 정확하게 확인할 수는 없습니다. 우리에게 익숙한 전기를 이용한 선풍기는 에디슨에 의해 발명되었습니다. 그런데 그 디자인이 이렇게 오래갈 것이라고 생각한 사람이 얼마나 있었을까요? 그 선풍기는 디자인의 원형성을 잘 보여줍니다. 최초의 선풍기 디자인은 때로는 날개의 숫자를 바꾸고 때로는 높이를 바꾸어 가며 다양한 차이를 반복하면서 생산되었습니다. 그래서 우리는 다른 디자인은 생각할 수도 없었습니다. 그러나 최근 영국의 제임스 다이슨이 개발한 날개 없는 선풍기는 사람들에게 신선한 충격을 주었습니다. 하지만, 과거 날개 선풍기

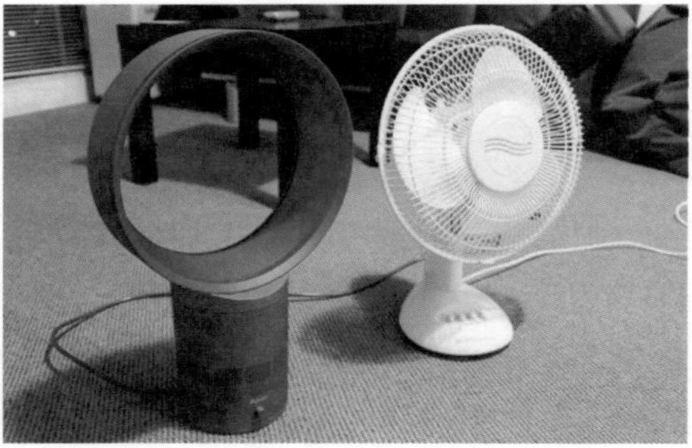

선풍기의 반복과 차이

가 훌륭한 디자인이었던 것은 틀림없습니다. 왜냐하면, 반복의 기준이 되는 원형이었기 때문입니다. 결국 가장 좋은 디자인은 반복될 수밖에 없습니다. 그래서 우수한 디자인으로 평가받기 위해서는 그것의 반복 여부가 중요합니다. 그리고 그 반복이 얼마나 많은 차이를 만드느냐가 중요합니다. 소위 차이의 반복입니다. 차이의 반복으로서 디자인의 진수를 보여주는 것이 DNA입니다. 인류 역시 끊임없이 DNA를 반복하면서 차이를 만들어 진화해왔으니까요. 훌륭한 디자인은 그렇게 원형으로 살아남습니다.

이따금 '한국 문화의 DNA'라는 말을 듣습니다. 각종 전통을 꾸러미로 가지런히 정렬하여 놓고 그것이 우리 문화의 DNA라고 주장합니다. 그러나 꾸려진 그 전통을 단지 보존만 한다면, 전통은 좋은 디자인으로 살아남을 수 없습니다. 날개 달린 선풍기처럼 과거의 디자인일 뿐입니다. 그저 지나간 이야기고, 무의미한 넋두리가 되고 말 것입니다. 그래서 우리에게 중요한 것은 우리 전통에서 만난 원형을 어떻게 하면 창의적으로 차이를 만들어내며 반복시킬 것인가 입니다.

한옥에서 만나는 반복과 차이

한옥 역시 다른 디자인처럼 끊임없이 반복하면서 차이를 만들어 왔습니다. 한옥에서 반복은 부분적으로 또 전체적으로 진행되어 왔습니다. 기둥을 반복하면 간이 됩니다. 그림에서처럼 간은 기둥 사이의 거리를 의미하기도 하고, 네 개의 기둥이 만드는 정사각형을 의미하기도 합니다. 한옥은 이 간을 반복해서 짓습니다. 간을 반복하면 채(건물)가 됩니다.

우리 건축에서 가장 기본이 되는 건물은 초가삼간입니다. 그러니까 초가삼간이 우리 살림집의 원형 디자인인 셈입니다. 초가삼간은 우리나라 전역에서 반복됩니다. 그러나 무수한 차이를 만들면서 반복됩니다. 다음 그림은 조성기 교수가 쓴 《한국의 민가》에서 뽑은 그림을 간략하게 그린 것입니다.

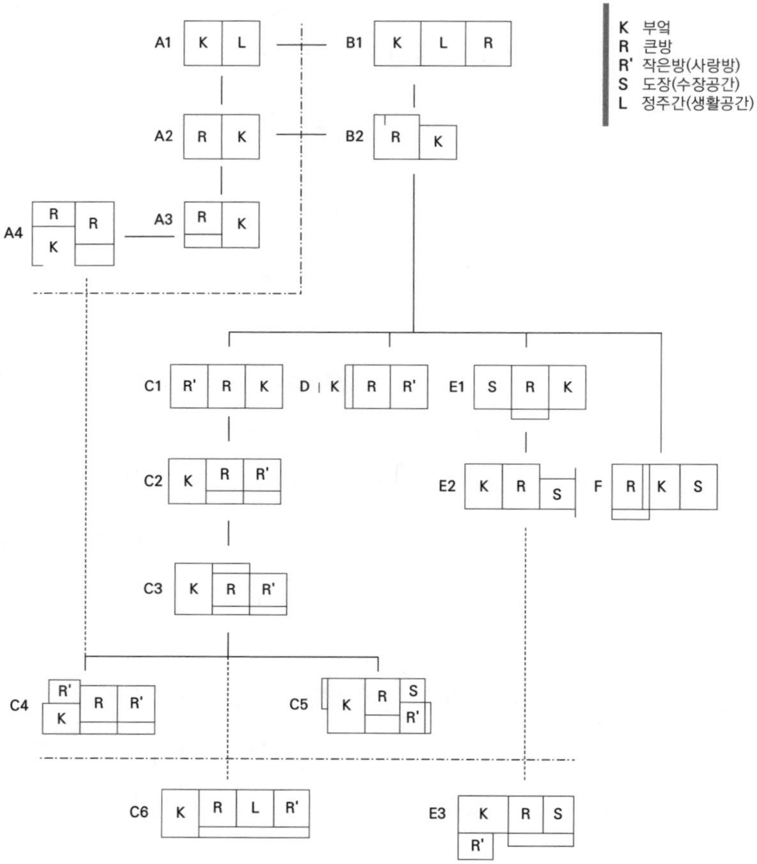

1. 경상남도: A3, A4, C4
2. 경상북도: C1, C2, C6, D
3. 전라남도: E1, E2, E3
4. 전라북도: A2, C3, C5
5. 충청남도: F
6. 함경남도: A1, B1

그림 속의 초가삼간은 전라남북도 경상남북도 함경도 등에서 반복되면서 많은 민가를 탄생시켰습니다. 그러나 이것이 단순한 반복이 아니라는 것은 그림을 통해서 확인할 수 있습니다. 차이를 만들면서 반복되고 있는 거죠. 초가삼간 내부에서도 마루의 위치를 바꾸고 방의 위치를 바꾸면서 건축으로서의 한옥이 풍요로워졌습니다. 한옥 디자인이 우수한 것은 바로 원형으로서의 초가삼간이 그 원형을 잃지 않고 반복되면서, 다양한 차이를 만들어왔다는 점입니다.

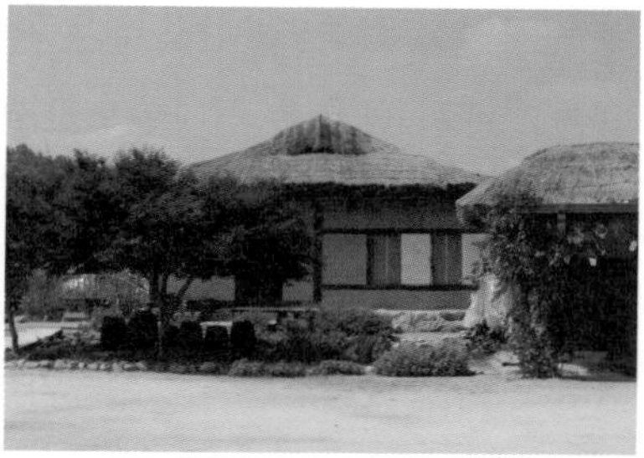
마당

반복만 있는 디자인은 성공한 디자인일 수 없습니다. 단순하게 반복만 된다면, 자연이 이렇게 다양해질 수 없었을 것입니다. 생명이 진화하는 이유는 변화를 통해서 살아가기 때문입니다. 그래서 차이를 만드는 반복이 중요합니다. 한옥 디자인이 우수한 것은 상황에 따라 다양한 차이를 만들어내면서도 기본 디자인을 유지하는 강한 생존력이 있기 때문입니다. 한옥은 건물마다 마당이 있습니다. 그래서 건물이 반복되면 마당도 반복됩니다. 다른 나라와 우리나라에 똑같이 100개의 전통건축이 있다고 한다면, 우리 전통건축이 훨씬 풍요로울 수밖에 없는 이유가 바로 마당에 있습니다. 우리는 건물 외부에 마당이 있어서 훨씬 많은 차이를 만들어 냅니다. 그래서 한옥에는 똑같은 건물이 없습니다. 그런 점에서 한옥은 디자인으로서 매우 성공한 건축입니다. 우리가 계속 주시해야 하는 까닭입니다.

건축은 디자인 역사에서 매우 특별합니다. 자연과 인간 사이에 형성된 막이 건축입니다. 건축이라는 디자인은 우리가 다른 디자인에 접근하는 방법에도 영향을 줍니다. 그리고 예술과 디자인을 굳이 구분해야 한다면, 우리 전통한옥은 디자인에 속합니다. 왜냐하면 반복에 뿌리를 두고 있기 때문입니다. 특히 차이의 반복을 통해 지금까지 이어져 온 한옥은 명백하게 디자인에 속합니다. 그래서 건축을 예술로 분류하여 자신의 몸값을 높이기에 급급한 건축가들에게 한옥은 그리 매력적이지 않을 수 있습니다. 하지만, 디자인에 관심이 있는 이라면, 한옥은 여전히 많은 것들을 끌어낼 수 있는 디자인의 보고입니다. 그 사람이 건축가이든 디자이너이든.

디자인의 고갱이, 기능

디자인은 인간만의 독특한 능력이 아니라 자연의 속성으로 보편적인 생명 현상임을 앞에서 확인했습니다. 인간은 때로 어떤 사안에 대해 이성적이고 문화적인 사유를 할 수 있습니다. 그러나 자연은 그리 이성적이지도 문화적이지도 않아 보입니다. 바로 눈앞에서 멀뚱히 보고 있는데, 바로 그 사람의 혈관을 열심히 찾아다니고 거기에 날카로운 바늘을 꽂는 모기에게서는 도무지 이성적인 면을 찾기 힘듭니다. 행인을 보면 다짜고짜 짖어대는 개를 봐도 그렇고, 하필이면 담벼락에 피어나 웃고 있는 들국화를 봐도 그렇습니다. 그래서 그들이 디자인을 만드는 방법은 비록 그 디자인이 아름답다고 해도 인간의 눈으로 볼 때 그다지 문화적이지 않습니다. 대신 매우 기능적이라는 점은 틀림없어 보입니다. 내 몸의 체온과 땀 냄새를 확인하고 정확하게 내 핏줄에 바늘을 꽂는 암컷 모기는 본능적으로 움직입니다. 내게 한 번도 부탁한 적이 없습니다. 자신의 아이를 낳기 위해 내 피가 꼭 필요하다고. 그는 어떤 소통 가능성도 없이 내게 와서 바늘을 꽂아 넣습니다. 인간인 내게 어떤 악의가 있는 것도 아니고, 피를 빠는 식문화를 즐기는 것도 아닙니다.

임신을 하지 않은 모기는 오히려 이슬만으로 생명을 연장하기도 하는 신선 같은 존재라고 합니다. 다만, 그렇게 디자인되었을 뿐입니다. 그래서 자연이 만든 디자인에서 배우는 가장 큰 덕목은 기능입니다. 기능적인 한에서 그들의 디자인은 매우 합리적입니다.

기능은 디자인의 출발점이다

기능, 생명을 살리다

여름이 무르익어 가을로 들어서면, 하루를 즐기기에는 산보다 들이 좋을 수 있습니다. 날씨가 그리 덥지도 않고, 아이들이 곤충들과 어울리기에도 좋습니다. 곤충은 만만해 보이는 데다 인간에게 그다지 적대적이지 않아서인지 우리에게 비교적 친숙한 생명입니다. 악기까지 들고 어린이 책에 등장하는 메뚜기(베짱이)는 한때 게으른 딴따라로 오명을 쓰기도 했지만, 이제는 제 길을 주체적으로 찾아나서는 재주 많은 엔터테이너로 재평가받기도 합니다. 우리 식으로 해석한 문제는 있지만, 메뚜기들을 노래하는 곤충으로 본 것만은 틀림없어 보입니다. 그러나 사실 우리가 사랑의 세레나데로 알고 있는 메뚜기들의 노랫소리는 목청을 통해 나오는 소리가 아닙니다. 암컷을 유혹하는 그들은 목청을 쓰는 대신 열심히 자기 다리를 비벼댑니다. 사랑한다고 고백하면서 연신 양쪽다리를 떨어대는 사람의 이미지를 떠올리게 해서 코믹한 웃음까지 더해줍니다. 메뚜기라는 별명이 있는 개그맨 유재석이라면 이해할까요? 이처럼 인간의 눈에는 메뚜기의 행동이 그리 낭만적이지도 않고, 때로는 비웃음을 불러낼지 모릅니다. 그러나 디자인이라는 관점에서 보면 그들의 행위는 매우 합리적입니다. 다양한 기능을 수행하는 인간 목청을 디자인하기에 메뚜기의 일생은 너무나 짧습니다. 이웃한 메뚜기와 무언가 정담을 나누는 사회성조차 없는 메뚜기에게 목청은 그래서 과잉 디자인입니다. 메뚜기는 날개와 다리, 또는 다리와 다리를 부딪쳐 소리가 날 수 있도록 디자인하는 게 합리적입니다. 이처럼 디자인은 매우 기능적이고, 때로는 매우 과학적입니다. 메뚜기에 따라서 소리를 내는 방법이 조금씩 다른데, 날개를 서로 비벼서 소리를 내는 '긴꼬리 메뚜기'는 스피커가 소리를 크게 내는 원리를 이용하여 짝을 부릅니다. 짝을 찾기 위해 소리를 낼 때는 나뭇잎사귀의 가운데 부분을 물어뜯어 구멍을 냅니다. 그리고 그 구멍에 걸터앉아 노래를 부릅니다.

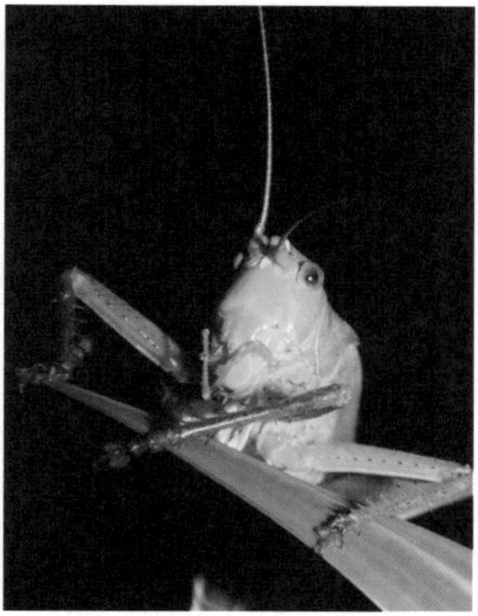
베짱이

스피커 원리를 이용하기 위해서입니다. 소리에도 양극과 음극이 있습니다. 소리를 내는 떨림판의 안과 밖이 다른 극이 됩니다. 떨림판이 울릴 때 앞쪽에서 나는 소리를 '플러스 위상'이라고 하고, 뒷면에서 나는 소리를 '마이너스 위상'이라고 하는 데, 두 소리를 함께 들으면 소리가 상쇄되어 작게 들립니다. 스피커를 한 번 열어보세요. 소리나오는 부분의 한 쪽 면만이 밖을 향하는 구조입니다. 소리가 상쇄되지 않으니 크게 들리는 것이지요. '긴꼬리 메뚜기'가 굳이 잎사귀에 구멍을 내 그 가운데 앉아 소리를 내는 것은 이 원리를 알고 있기 때문입니다. 그는 들판 어디에서든 암컷이 자기의 구애소리를 잘 들을 수 있도록 확성기를 설치한 것입니다. 이 지성적인 행위를 어떤 배움도 없이 본능적으로 한다는 점에서 본능과 지성을 구분하는 일은 때로 무의미합니다. 그래서 합리적이라는 말을 인간이 독점하는 것도 잘못입니다. 메뚜기는 이 원리를 지성적인 논리가 아닌 본능적인 과정을 통하여 디자인에 담아냅니다. 본능을 지성과 대립시키는 한 본능을 지성적이라고 할 수 없지만, 합리적이라고 표현해야 하는 것은 불가피해 보입니다. 그런데 암컷은 수컷의 구애 신호를 어떻게 알아들을까요? 언뜻 보면 귀가 없는 것 같습니다. 잘 보면 다리 위쪽 몸통에 있습니다. 그런데 귓바퀴가 없습니다. 왜 그럴까요? 귀가 그렇게 생긴 것은 그게 기능적으로 합리적이기 때문입니다. 우리가 보는 메뚜기는 기능적으로 더 이상 줄일 수 없을 때까지 줄인 디자인입니다. 최대의 기능과 최소의 장식. 이것이 인간이 아닌 생명들이 스스로를 디자인하는 가장 큰 원칙입니다. 형태는 기능을 따른다는 말은 디자인 특성을 아주 명료하게 정리한 말이기도 합니다.

과잉 디자인을 경계하다

이처럼 철저하게 과잉 디자인을 경계하는 이유는 디자인이 생존과 직접적으로 관계되기 때문입니다. 몸을 아름답게 디자인하는 데에만 치중하면, 상황이 수시로 바뀌는 자연에서 갑작스러운 위험에 대처할 수 없습니다. 자연 상태에서 공주는 외로운 것이 아니라 위험합니다. 뛰어야 할 때는 빨리 뛰어야 하고, 땅 속으로 숨어야 할 때는 빨리 땅을 팔 수 있게 몸을 디자인해야 합니다. 인간은 비가 올 때 장화를 신고 비가 그치면 장화를 벗을 수 있습니다. 전쟁을 하는 장수는 갑옷을 입지만, 전쟁이 끝나면 일상복으로 갈아입을 수 있는 거죠. 그러나 상황에 따라 탈부착이 가능한 도구를 만들 수 없는 다른 생명들은 오로지 기능에 맞게 몸을 디자인하여 육화시키는 방법밖에 없습니다. 아마도 전장에서 살아야 하는 장수가 일상복을 다시는 갑옷으로 바꿔 입을 수 없다면, 그는 절대로 갑옷을 벗지 않을 것입니다. 그래서 거미줄을 잣는 거미는 기능에 맞게 스스로를 디자인해야 합니다. 거미의 많은 다리는 날개 없이 먼 곳으로 점프한 거미가 안전하게 바닥에 내려앉을 수 있게 합니다. 또 실을 잣고 그 위에서 옮겨 다니는 데에도 다리가 많아서 편리합니다. 실을 뽑아내는 입도 매우 정교합니다. 그리하여 인간이 아닌 다른 생명이 만드는 디자인의 아름다움은 기능에서 나옵니다.

바우하우스의 디자인 개념과 비교해볼 필요가 있습니다. 바우하우스의 그로피우스는 '디자인을 위해서는 미학적 개념이 먼저 설정되어야 하며, 그 위에서 순수한 기하학적 개념을 파악할 수 있어야 한다.'고 주장합니다. 그의 주장은 늘 기능을 최우선으로 하는 자연의 다른 생명에게는 그리 설득력이 있어 보이지 않습니다. 더구나 본능을 따르는 다른 생명의 디자인에 비교하면 비합리적이기까지 합니다. 그럼에도 불구하고 바우하우스의 디자인 개념이 아직까지 살아 있을 수 있는 것은, '단순히 외관에 치우쳐서 기능이 가진 조화를 깨지 말라'는 표현도 그로피우스의 조형개념에서 멀지 않은 말이기 때문입니다. 이성적인 바탕에서 자연을 이해하는 그들에게는 미와 기능을 잇는 매체가 기하학입니다. 알베르티도 회화론에서 기하학의 중요성을 강조합니다. 그래서 그들의 전통을 따르면 기능적인 것이 아름답다고 말하는 것이 그리 자연스러운 일은 아닙니다. 기하학과 기능이 늘 같은 방향으로 움직이는 것은 아니니까요. 물론 기하학은 디자이너에게 여전히 중요한 디자인 도구입니다.

과정이 있어 디자인이다

그렇다고 디자인이 모든 가치를 배제하고 단순함만으로 무장하는 것은 아닙니다. 우리가 아는 단순한 디자인은 매우 복잡하고 다양한 과정을 거쳐서 나오는 압축된 이미지입니다. 거미의 눈을 보면, 그 디자인을 만들기 위해 그들이 얼마나 많은 것들을 고려했는지 짐작할 수 있습니다. 수많은 정보를 파악하고 그것을 디자인에 담아냅니다. 거미는 자연과 끊임없이 소통합니다. 디자인은 이 정보를 처리하는 과정입니다. 우리가 최종적으로 확인하는 이미지로서의 디자인은 이런 과정을 거쳐서 태어납니다. 그래서 디자인은 결과라기보다 과정이라고 해야 맞습니다. 다른 생명은 스스로를 디자인하지만, 인간은 물건을 디자인하여 신체의 대체물로 쓰는 거죠. 인간의 시력은 뛰어나지 않지만, 안경을 만들어 이를 대체할 수 있습니다. 때로는 매처럼 원거리의 물건도 볼 수 있습니다. 외부에서 디자인된 망원경이라는 도구 때문입니다. 그뿐입니까? 마셜 맥루언은 미디어의 발전을 우리 중추신경의 확장으로 봅니다. 자연의 관점에서 보면, 내가 쓴 안경은 내 몸의 일부라고 해야 맞을 겁니다. 집게벌레에게 집게가 단순한 도구가 아니라 신체일부인 것처럼, 가위 역시 몸의 일부로 생각하는 것이 자연스럽습니다. 우리의 삶은 끊임없이 디자인으로 이어져 있는 셈입니다. 안경 옷 침대 식탁 장판 집 도로 승용차……, 그리고 미디어까지.

지성을 발달시킨 인간은 스스로 반성할 수 있기 때문에 다른 생명보다 우월한 존재라고 주장합니다. 그러나 디자인 솜씨로 보면, 꼭 그런 것 같지도 않습니다. 즉 다른 생명도 반성을 한다는 것이지요. 이를 지지하는 논문이 최근 발표되었습니다. 이 논문을 보면 인간만이 반성한다는 주장이 사실은 오해에서 비롯된 것임을 알 수 있습니다. 경향신문 기사 전문을 인용해보겠습니다.

> 가위바위보 게임을 할 때 무엇을 처음 내는가는 주로 습관에 따라 결정된다. 그러나 한 번 또는 여러 차례 비긴 뒤 어떤 것을 낼지는 전략적 선택에 따른다. 상황이나 상대의 습관 등을 고려하기 때문이다. 이렇듯 사람이 전략적 선택을 할 때는 뇌의 전전두엽dorsomedial frontal cortex(이마 바로 안쪽 부분)을 쓴다는 게 동물실험을 통해 밝혀졌다.
>
> 이대열 미국 예일대 신경생물학과 교수 연구팀은 18일 "원숭이를 대상으로 실험한 결과 전략적 선택을 할 때 의사결정에 관여한다고 알려진 뇌 전전두엽의 여러 부분이 활성화되는 것을 관찰하는 데 성공했다"고 밝혔다. 결과는 19일 '사이언스'지에 게재됐다. 연구진은 원숭이 3마리를 대상으로 컴퓨터 게임을 학습시켰다. 연구진은 이 게임 퀴즈를 풀어내는 원숭이에게 보상으로 주스를 마실 수 있는 토큰을 줬다. 게임은 원숭이와 경쟁관계인 컴퓨터가 원숭이의 행동패턴을 예측해 원숭이를 이기도록 프로그래밍 돼 있다. 게임에서 여러 번 진 원숭이는 토큰을 얻기 위해 컴퓨터를 속이기 시작했다. 원숭이들은 컴퓨터가 행동패턴을 예측해 대응할 경우 예측과 정반대되는 선택을 한 것이다. 연구진은 이 과정에서 원숭이 뇌를 핵자기공명장치MRI로 촬영했다. 그 결과 원숭이 뇌 전전두엽의 특정 부분이 활성화되는 것을 관찰했다. 이 교수는 "지금까지 전략적 사고에 관여하는 뇌의 구조나 메커니즘에 대해 알려진

바가 거의 없었다."고 말했다. 이번 연구 성과를 통해 강박증 등의 정신 질환을 연구할 수 있는 새로운 길이 열릴 것으로 전망된다. (목정민 기자)

지성이 인간만의 특징이 아니라는 것을 위의 기사에서 알 수 있습니다. 베르그송도 행위가 장애물에 의해 정지당하거나 방해받으면 의식이 생겨날 수 있음을 지적합니다. 그래서 그에게 의식은 행동이 표상(표상이라는 말이 딱딱하면, 여기서는 상황이라고 해도 문제가 없습니다.)에 적합하지 않은 경우를 말합니다. 물론 사람에 따라서는 동물들의 행동을 이성의 작용이 아니라 본능이라고 주장할 수는 있지만, 반성하는 본능이 디자인 능력에서 지성보다 못하다는 근거는 없습니다. 오히려 디자인의 합리성으로만 따지자면, 감성적인 가치를 따지고 금전적인 가치를 따지는 인간보다 훨씬 합리적입니다. 모든 디자인은 종합적인 과정을 통해서 진행됩니다. 기능의 입장에서 보면 빼기의 디자인 원리를 적용합니다. 자연에서 디자인은 기능을 돕지 않는 장식적 요소를 모두 제거하는 과정입니다. 그러나 여기서 우리가 함정에 빠지면 안 되는 것이 있습니다. 디자인이 기능만으로 이루어진 것이 아니라는 점입니다. 디자인에는 기능 이외에도 눈에 보이지 않고, 인식하기 쉽지 않은 다양한 가치가 포함되어 있습니다. 그래서 우리가 자연에서 배워야 할 것은 단순한 빼기의 디자인이 아니라 오히려 다양한 가치를 융합시켜 디자인으로 만드는 능력입니다. 즉 거미의 눈은 단순한 기능을 하지만, 다양한 가치를 담아낸 디자인입니다. 사람의 눈을 예로 들면, 눈은 단순히 보는 기

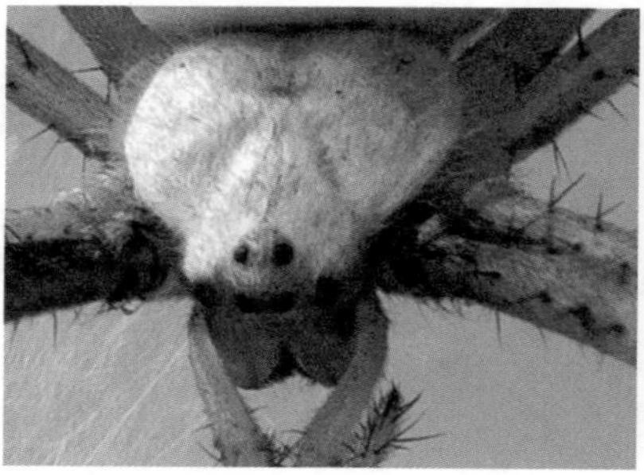 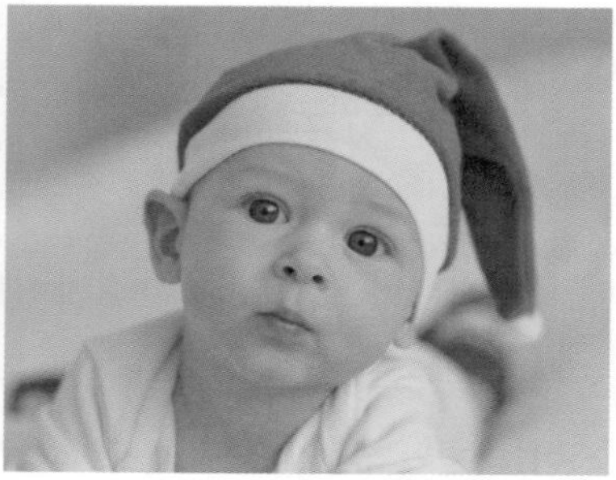

거미의 눈과 사람의 눈

능 이외에도, 눈으로 말을 할 수도 있어서 입이 하는 기능도 함께 합니다. 또 충격적인 상황을 차단할 수 있게 해서 생명을 보존하는 기능도 합니다. 마음을 전하는 것은 아마도 눈의 가장 큰 기능이기도 할 것입니다. 이처럼 생명이 본능으로 만든 디자인이 다양한 가치를 담아낸다는 점에서 디자인을 단순히 하나의 기능으로만 접근하는 것은 경계해야 합니다. 디자인은 단순한 기능보다는 오히려 생명을 보존하는 좀더 포괄적인 형태로 발전해 왔기 때문입니다. 그러나 인간의 지성은 이런 본능을 제압하고 생명이 아닌 자본을 위한 형태로 디자인을 발전시키는 것은 아닌지 반성할 필요가 있습니다. 디자인으로서 가치 있는 기능은 몰가치하고 중립적인 것이 아니라 생명이라는 가치를 내장해야 의미 있습니다. 디자인의 근본철학은 생명철학인 셈입니다.

전통건축에서 장식은 비교적 세계적인 특징입니다. 열대지방에 위치해 외부 생활을 많이 하는 동남아시아 건축에서 보이는 지붕의 장식은 집을 장식적으로 짓는 것이 얼마나 떨쳐버리기 힘든 유혹인지 보여줍니다. 우람한 지붕을 장착한 집으로 들어가 보면 상대적으로 빈약한 실내를 확인할 수 있습니다. (외부생활이 많기 때문에 집의 장식은 외부에 치중될 수밖에 없었을 것입니다. 서양건축 내부의 화려함은 실내생활이 많기 때문에 당연해 보입니다.) 모더니즘 건축은 건축의 이런 특징에서 벗어나는 것이었습니다. 모더니즘의 특징은 단순함입니다. 당시 유행하던 기능주의 영향을 받은 것으로 보입니다. 모더니즘이 나오기 전 건축은 심하게 말하면 잡화상처럼 잡동사니로 이루어진 것이었습니다. 어떤 건축은 조각에 가깝게 건물 안팎을 치장했습니다. 기둥에 문양을 넣는 것을 넘어서 기둥을 사람 모양으로 깎아 세우기까지 했습니다. 그러나 19세기말 이런 건축은 합리적인 서구인에게 더 이상 합리적일 수 없게 되었습니다. 건축

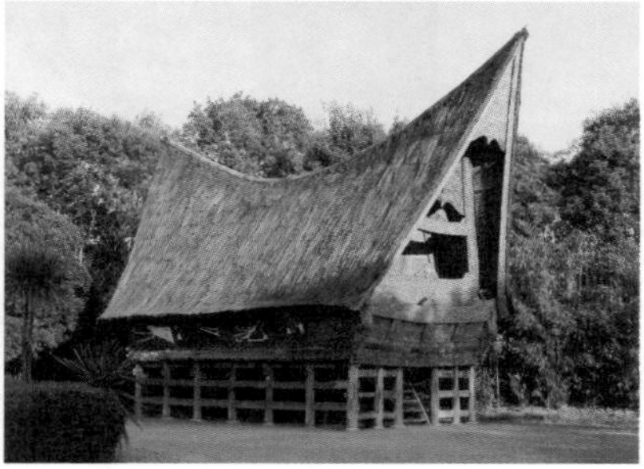
동남아시아 건축

개념이 근본적으로 바뀌었기 때문입니다. 이때면 건물을 훨씬 간단하게 또 빨리 지을 수 있는 재료가 나오기 시작합니다. 다른 분야에서도 수공예 기술이 쇠퇴되고 대량생산이 본격화되었습니다.

아르누보는 이런 상황에서 신 미술이라는 이름으로 나타났습니다. 산업화로 물건과 건축에서 장식이 줄어들자, 이에 대한 불만이 표출되었던 것이지요. 그래서 아르누보는 장식성이 강한 스타일입니다. 아르누보의 뚜렷한 장식적 특징은 파동적·비대칭적인 곡선이며, 이것은 흔히 꽃줄기와 봉오리, 포도 덩굴손 등 미묘하고 구불구불한 자연물 모양입니다. 그 선은 고상하고 우아하며, 매우 율동적입니다. 그들은 이 디자인을 철제 구조물로 번안하기도 했는데, 대표적인 것이 빅토르 오르타Victor horta(1861~1947)의 타셀 호텔의 내부 장식입니다. 하지만, 이들

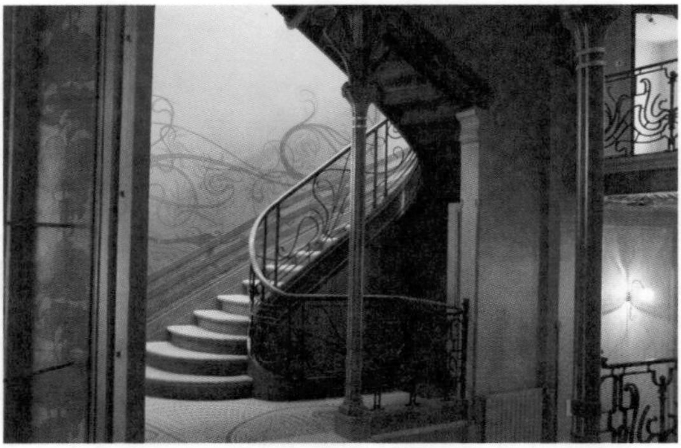

빅토르오르타의 타셀호텔 내부 장식

이 모더니즘의 흐름을 거스를 수는 없었습니다. 결국 서양의 건축 양식은 장식들을 다 털어내고 모더니즘으로 큰 걸음을 내딛습니다.

앞에서 이미 말했듯이, 서양 건축을 장식에서 해방시키고 모더니즘을 열 수 있게 한 원동력은 인간의 이성이 아니라 건축 재료였습니다. 철 유리 그리고 철근콘크리트를 이용한 건축이 새로운 건축의 시대, 모더니즘을 연 것입니다. 이런 건축 부재가 사용되면서 서양 건축에는 혁명적인 상황이 발생합니다. 벽 없는 건물을 상상조차 할 수 없던 그들도 이제는 한옥처럼 기둥만으로 서 있는 건물을 지을 수 있게 된 것입니다. 그 상징적 사건을 우리는 르코르뷔지에의 건축물에서 발견할 수 있습니다. 사보아 빌라의 강한 수평선과 그 밑을 받치는 벽 없는 기둥 그리고 띠를 두르듯 벽을 가로지르는 유리벽은 서양 건축가들을 열광시켰습니다. 그런데, 생각해 보면 한옥은 아주 오래 전부터 이렇게 지어졌습니다. 그래서 한옥은 군더더기를 모두 빼내고 가장 기능적인 형태로 발전했습니다. 우리 전통한옥에는 장식을 위한 장식이 없습니다. 철저하게 실용적이고 기능적인 집이 한옥입니다. 그렇다고 한옥에 아르누보 양식처럼 아름다운 장식이 없었던 것은 아닙니다. 이렇게 이야기하면 아마 한옥의 익공을 떠올리는 분이 있을 겁니다.

앞에서 본 두 개의 건물을 한옥과 비교해볼까요? 우선 우리 건축에서 중요한 디자인 익공을 보고 다른 두 건물을 비교해 보도록 하지요. 익공은 한옥에서 가장 호화롭습니다. 그런 점에서 익공은 빅토르 오르타의 내부 장식이나, 동남아시아 집의 외부 이미지와 비교됩니다

다. 그러나 익공은 장식을 위한 장식물이 결코 아닙니다. 그 부재가 없었다면, 한옥 자체가 발전하지 못했을 가능성이 많습니다. 익공이 나오기 전 집을 크게 지으려면 공포라는 부재를 사용해야 했습니다. 공포는 건물을 크게 짓는 궁궐이나 사찰에 가면 빈번하게 볼 수 있는 부재입니다. 지붕 밑에 뾰족뾰족 튀어나온 이 부재 덩어리를 공포라고 부르는데, 이 복잡하고 많은 부재를 단 하나의 부재로 융합시킨 것이 익공입니다.

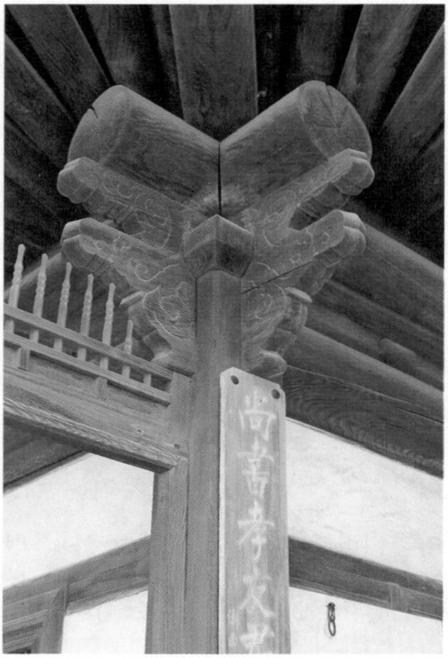

한옥의 익공

구들방은 방 안에서 계속 불을 떼는 게 아니라 구들장을 한 번 데워서 하루 종일 쓰는 난방방식입니다. 그래서 건물의 밀폐성이 중요합니다. 천장도 낮아야 합니다. 그런데 공포를 넣어 집을 지으면 천장이 지나치게 높아지고 부재 사이에 틈이 많아져 밀폐성이 현격하게 떨어집니다. 그래서 고려 말까지 큰집을 선호하는 지배계층은 구들의 장점을 익히 알고 있었지만, 구들을 제대로 쓰기가 쉽지 않았습니다. 그런데 익공이라는 부재가 등장하면서, 집을 크게 지으면서 천장도 낮게 하고 밀폐성도 높일 수 있게 되었습니다. 이후 지배계층은 구들을 적극적으로 받아들입니다. 그게 우리가 알고 있는 전통한옥입니다. 단순한 부재에 불과해 보이지만 만약에 익공이 없었다면, 우리 건축은 중국 건축과 여전히 큰 차이 없는 건축으로 남아 있었을 것입니다. 익공은 매우 능률적인 디자인이어서 건축비면에서도 효율이 뛰어납니다. 공포를 만들기 위해 들어가야 하는 재료와 인력을 큰 폭으로 줄였습니다. 공포가 사라지면서, 집에 들어가는 나무의 양이 혁명적으로 줄었고, 이 때문에 가난한 민중들도 나무뼈대 집에 살 수 있게 됐습니다. 이는 기능이 어떻게 가치를 담아내는지 보여주는 매우 좋은 예입니다. 익공은 기능적이지만, 집은 훨씬 우아해졌습니다. 한옥은 매우 단순하지만, 종합적이고 복합적인 디자인 과정을 거쳤다는 점을 눈여겨볼 필요가 있습니다.

빅토르 오르타에서 아르누보 장식은 사실 디자인이라기보다 장식이라고 해야 합니다. 이를 예술로 주장하는 거야 문제없지만, 디자인으로서의 자격은 떨어질 수밖에 없습니다. 그리고 화려함은 당연히 더 많은 비용을 요구합니다. 그래서 빅토르 오르타는 한옥이 성취한 보편적, 사회적 가치도 담아내지 못했습니다. 르코르뷔지에의 건축 역시 강한 수평선과 수직선을 이용하여 모더니즘의 세계를 풍미했지만, 거기까지였습니다. 르코르뷔지에는 결국 건축을 기계로 몰고 갑니다. 집은 결국 기계라고 주장하니까요. 생명의 가치가 디자인의 가장 중요한 요소라는 것을 우리는 앞에서 살펴보았고, 뒤에서도 다시 볼 것입니다. 한옥이 르코르뷔지에 건축과 다른 점은 한 순간도 생명의 가치를 잊지 않았다는 점입니다. 이것은 목적만을 생각하는 합리성이 아니라 목적을 형성하는 과정을 생각한다는 점에서 생활과 깊이 연관되어 있습니다. 삶은 목적이 아니라 생활의 과정이기 때문입니다.

생활은 디자인의 지향점이다

생활의 지지자, 디자인

원경 속의 자연은 늘 고요하고 아름답습니다. 그러나 풍경 속으로 들어가면 그리 아름답지도 고요하지도 않습니다. 아마 그게 자연인지도 모르겠습니다. 명랑하게 흐르는 계곡 물 속에서도 삶과 죽음을 놓고 벌이는 생명들의 싸움이 치열합니다. 여름이면 여름대로 겨울이면 겨울대로. 자연은 아름다울 수는 있지만, 평화롭지는 않은 게 틀림없습니다. 이를 본능적으로 알고 대처하는 곤충이 큰호리병벌입니다. 그는 집을 짓는 데 많은 공을 들입니다. 알들이 탈 없이 부화되어 애벌레로 성장하려면 풀어야 할 난제가 적지 않습니다. 알은 처음부터 끝까지 이 어려운 일을 혼자 풀어나가야 합니다. 둥지는 알이 부화할 수 있는 최소한의 조건입니다. 엄마 곤충은 그래서 최선을 다해 둥지를 짓습니다. 호리병처럼 생긴 이 둥지는 단순하지만, 그 안에서 탄생하는 생명과정은 그리 간단

하지 않습니다.

암컷 큰호리병벌은 집을 짓기 위해 여러 단계를 거칩니다. 인간이 보기에는 간단한 부화장이지만, 사람이 집을 짓는 것과 똑같은 과정을 거칩니다. 일단 천적의 눈에 띄지 않는 안전한 집터를 마련해야 합니다. 그런 자리를 찾았다면, 이제 튼튼한 건축이 될 좋은 재료를 찾아야 합니다. 재료까지 찾았다면 이제부터는 정말 노동을 합니다. 흙에 자기 체액을 넣어 개야 합니다. 흙손이 따로 있을 리 없으니 자기 몸뚱이로 해야 합니다. 그 다음에는 오로지 기능적으로 디자인 된 자기의 몸뚱이로만 흙을 옮겨야 합니다. 흙과 집을 오가면서 벽을 쌓고 집을 짓습니다. 그리고 알을 그 안에 낳는데, 바닥이 아니라 천장에 붙여 놓습니다. 여기에는 그만한 사정이 있습니다. 알만 낳아서는 알이 살 수 없습니다. 알에서 깨어났을 때 먹을 양식이 필요합니다. 그래서 큰호리병벌은 자벌레(베르그송은 배추벌레라고 하는데, 아마도 지역적 차이가 있을 듯합니다.)를 잡아서 알이 있는 방 속에 같이 담아둡니다. 그러다 보니 자벌레를 그냥 놓아둘 수가 없습니다. 그냥 넣어둔다면 자벌레가 알을 먹

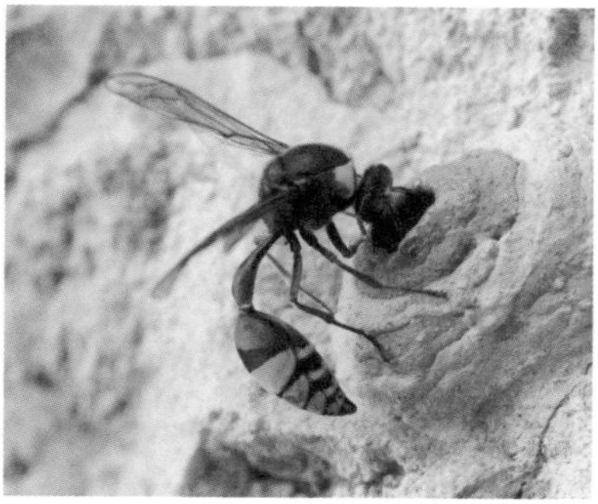

호리병벌의 집

어버리고 말 테니까요. 그렇다고 죽일 수도 없습니다. 알이 부화되기까지 시간차가 있는데, 이 시간 동안 부패해서는 모든 게 수포로 돌아갑니다. 그래서 큰호리병벌은 자벌레든 배추벌레든 에너지를 쓰지 못하게 하면서 죽지도 않게 마취만 시킵니다. 자벌레는 큰호리병벌의 애벌레가 알에서 깨어날 때까지 말 그대로 산송장으로 있어야 합니다. 하지만 큰호리병벌은 그래도 불안합니다. 자벌레가 깨어나면 거꾸로 알이 잡아먹히고 말 테니까요. 그래서 알을 둥지의 천장 쪽에 붙여 놓습니다. 자벌레가 혹시 깨어나도 알을 먹지 못하게 하려는 궁여지책입니다. 거의 인간 수준의 지성적 반성 과정을 거치는 것 같기도 합니다. 아무튼 먹이를 잡아다 놓는 것까지 하면, 일차로 일이 끝납니다. 그리고 침입자가 외부에서 내부로 들어올 수 없도록 입구를 봉쇄합니다. 어떤 어미가 이처럼 헌신적으로 자식을 위할 수 있을까? 여러분처럼 마음이 아름다운 분이라면, 이 치열하고 희생적인 모성에 감동할 수도 있겠지만, 다른 곤충의 눈에는 그리 감동적이지 않아 보이는 모양입니다. 어렵게 돈을 번 사람의 재산을 빼앗고도 마음이 아프기보다는 즐겁기만 한 사람을 주변에서 흔히 봅니다. 자연에도 그런 친구들이 있습니다. 큰호리병벌이 지은 집을 빼앗으면 자기는 집을 짓지 않아도 됩니다. 계산만으로도 수지맞는 비즈니스지요. 왕천벌이 바로 그런 놈입니다. 왕천벌은 큰호리병벌의 집에 침입해서 자기 알을 놓습니다. 왕천벌의 알이 부화되어 애벌레가 되면, 자벌레는 물론이고 큰호리병벌의 애벌레도 잡아먹습니다. 그렇다고 큰호리병벌이 왕천벌과 싸우는 것은 아닙니다. 큰호리병벌은 자연이 평화롭지 못하다는 것을 이미 알고 있기 때문에 그 정도의 피해는 감수하기로 한 듯합니다. 그렇다고 손을 놓고 있지도 않습니다. 나름대로 이를 미리 대비합니다. 그는 자기 집을 커다랗게 하나로 짓지 않습니다. 한옥이 간으로 이어지듯 큰호리병벌의 집도 완전히 구획된 방으로 이어집니다. 시간차를 두고 방을 만들어 알을 분산시켜 놓습니다. 행여 왕천벌 같은 살육자가 침입해도 구획된 다른 방에서는 자기 2세가 태어날 수 있도록 하는 디자인 전략입니다. 그는 왕천벌과 맞서 싸워 알을 지키기보다 상황을 받아들이고 순응하는 쪽으로 디자인의 방향을 잡은 것입니다.

같은 후박나무하늘소끼리도 이런 일이 벌어집니다. 후박나무하늘소 암컷은 이름에서 알 수 있는 것처럼 후박나무를 터전으로 살아갑니다. 하지만, 알을 낳기 위해 특별한 노동을 해야 하는 것은 큰호리병벌과 마찬가지입니다. 후박나무의 껍질을 벗기고 속살을 무두질 하듯 다듬습니다. 그러면 나무는 훨씬 보드라워지고, 사이사이에 만들어진 공기층은 나무속에서 겨울을 보내야 하는 알이 추위를 이겨내는 데에 도움을 줍니다. 그는 어떤 도구도 없이 딱딱한 나무 살을 입으로 씹어대어 질 좋은 가죽처럼 만듭니다. 매우 힘든 중노동임에 틀림없습니다. 그러나 모든 후박나무하늘소 암컷이 그런 노동을 하는 것은 아닙니다. 어떤 암컷은 다른 후박나무 암컷이 만든 자리 한쪽에 자신의 알을 낳습니다. 자기가 일을 하지 않고 남의 자리를 슬쩍 이용하는 것입니다. 사람이 눈치를 보면서 이득을 취하거나 힘으로 남의 것을 갈취하는 것과 비슷한 상황입니다. 어찌 보면 이런 행동은 본능적이라기보다 지성적으로 보입니다. 주어진 상황을 보고 판단하는 것처럼 보이기 때문입니다. 그런데 이 지성적 행동을 그들은 본능 속에서 전개시킨다는 점에서 인간의 지성과는 다른 것이지요. 우리 인간은 거꾸로 본능적인 것을 점점 지성의 영역으로 옮겨놓고 있습니다. 남녀 간의 성행위를 혼인이라는 이름으로 한정시키고, 강간과 매춘을 금하는 일련의 규칙들은 본능을 지성의 영역에서 관리하겠다는 의지로 해석됩니다. 아무튼 인간과 다른 생명을 칼로 자르듯 잘라 다른 생명을 함부로 할 수 없는 까닭입니다. 이런 치열한 경쟁과 위협 속에서 자기와 2세의 생존을 지켜내는 것이 자연이 만드는 디자인의 1차적 목적입니다. 즉 그들의 생존과 번식을 전체적으로 지지할 수 있도록 디자인해야 그 디자인은 성공한 디자인일 수 있습니다. 디자인이 생활 전체 속에서 자신의 역할을 할 수 있어야 합니다. 어떤 곤충은 공격적으로 몸을 디자인할 수도 있고, 어떤 곤충은 온건하게 그래서 지구력 있게 자신을 디자인할 수도 있습니다. 디자인은 기능에 맞아야 하지만, 단지 어떤 하나의 기능만을 만족시키면 그 디자인은 성공한 디자인일 수 없습니다. 생활은 단순한 기능으로 가능하지 않기 때문입니다. 인간에게도 마찬가지입니다. 눈의 기능은 무언가를 보는 것이지만, 눈의 시신경은 뇌 중추에 연결되어 있어서 우리 몸이 움직이는 것과 이어져 있습니다. 그래서 눈은 단지 보는 기능으로 자신의 역할을 끝내는 것이 아니라, 우리에게 위험이 되는 것을 피하고 필요한 것으로 우리가 다가가도록 생활을 지지합니다.

방금 전 본 것처럼 디자인이 우리 생활 전체를 지지할 수 있는가는 매우 중요합니다. 하나의 기능만을 담아내서는 전체 생명을 지켜낼 수는 없으니까요. 아주 작은 기능이어도 그것이 우리 삶 전체와의 맥락에서 의미 있어야 합니다. 그래서 디자이너는 하나의 기능에 몰두하기보다 그 기능이 생활 속에서 다른 기능과 어떻게 관계 맺는지에 관심을 가져야 합니다. 즉 디자인은 사람이 생활 속에서 봉착하는 다양한 상황과 이어져 있습니다. 인간 생활은 다른 생명이 누리는 생활과 근본적으로 다르다는 점도 중요합니다. 인간을 문화적 존재라고 하는데, 문화적 존재라는 말은 디자인에서 역설적인 의미로 쓰일 수 있습니다. 인간은 합리적이지 않을 수 있다는 의미가 될 수도 있으니까요. 여기서 본능과 지성의 역전이 벌어집니다. 합리적인 것으로 따지자면, 자연의 디자인이 훨씬 합리적일 수 있다는 거죠. 문화적 요소는 감성과 감정이 섞이는 생활과 긴밀하게 이어져 있기 때문에 덜 합리적일 수 있으니까요. 문화적 요소는 인간의 디자인을 자연의 그것과 구분해주는 또 하나의 특징입니다.

한옥 디자인은 이미 본 것처럼 매우 단순합니다. 기둥을 일정한 간격으로 세우고, 가장 기본적인 정4각형 형태의 간을 반복하는 구조입니다. 한옥은 이 모듈을 반복하면서 단순한 재료에서 사람이 사는 건물로 변해갑니다. 모듈인 간의 내용은 자리에 따라서 방과 부엌 그리고

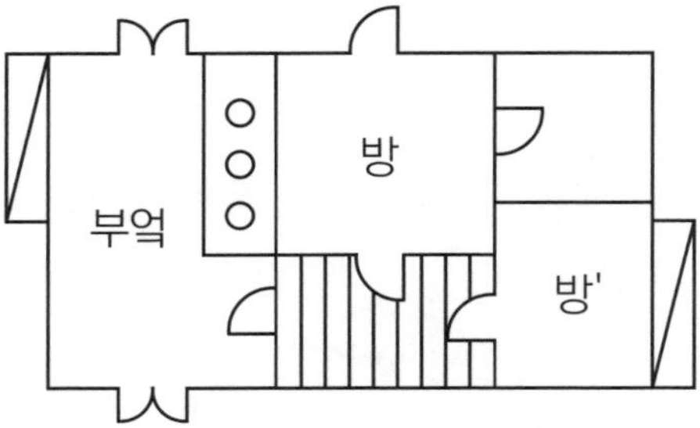

한옥의 평면도

대청으로 채워집니다. 대체로 방을 중심으로 좌우에 부엌과 방(대청)이 들어갑니다. 부엌은 생활에 있어서 필수적인 공간이고, 방과 대청 역시 생활에서 없어서는 안 되는 공간입니다. 한옥의 평면은 기능과 생활과의 관계를 매우 잘 표현하고 있습니다. 기능을 생활 속에서 어떻게 편집할 것인지가 저 건물 디자인의 핵심입니다. 다음 그림은 우리의 전형적인 초가삼간을 지붕 중앙에서 방바닥 아래까지 자른 단면입니다. 부엌과 방이 구들을 매개로 하나로 이어져 있음을 알 수 있습니다. 한옥에서 부엌의 아궁이는 단순한 취사뿐 아니라 난방까지 동시에 하도록 디자인되어 있습니다. 한옥이 우수한 디자인이라는 점을 보여주는 매우 중요한 단서입니다. 그리하여 전체적으로 단순한 디자인을 만드는 데 성공했습니다.

디자인은 문화를 만들어냅니다. 물론 문화가 디자인을 만들기도 합니다. 일단 한옥 디자인이 만든 독특한 문화 두 개를 보고 가겠습

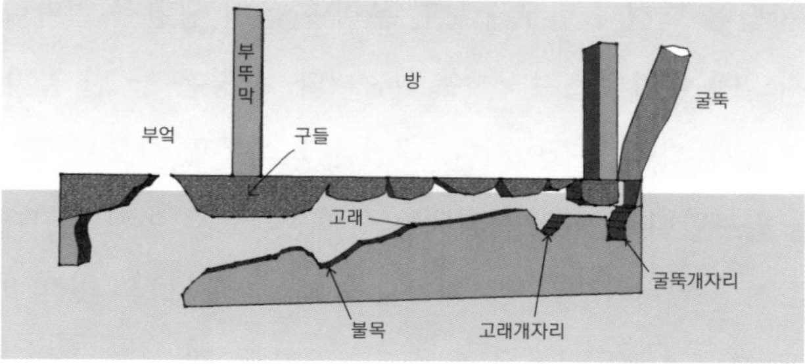

한옥의 단면도

니다. 먼저 첫 번째 것을 보면, 공간이 바뀌면 사물에 대한 감성적 태도도 바뀐다는 점을 확인시켜 줍니다. 따뜻한 구들에서 살을 부비고 사는 우리는 차가운 바닥에서 살던 이들보다 정이 많습니다. 눈물이 많은 것도, 아이를 업고 다니는 것도, 술잔을 돌리는 것도, 여자들이 손을 잡고 다니는 것도 모두 우리 디자인과 이어지는 감성들입니다. 구들 디자인은 결과적으로 우리의 감성을 매우 풍부하게 했습니다. 다른 하나는 문화가 디자인에 미치는 영향으로 대청에서 찾아볼 수 있습니다. 일상생활이라는 관점에서 보면, 대청은 4계절 쓰는 방과 달리 여름 한 철에만 사용됩니다. 그러나 이렇게, 4계절 중 한철만을 사용한다고 하면, 대청은 능률이 떨어지는 디자인이 됩니다. 과잉 디자인이 되는 거죠. 그래서 한옥은 이 부분을 해소하기 위해 독특한 방법을 씁니다. 공간의 활용도를 높이기 위해 대청을 의례 공간으로 변형시킵니다. 대청은 생활공간이면서 동시에 의례 공간이 되는 거죠. 중국 문화의 영향을 받은 사당을 대청과 비교해 보면 우리 한옥이 생활을 얼마나 성공적으로 디자인에 담아냈는지 알 수 있습니다. 사당은 늘 빈 공간으로 남아 있는 비능률적인 공간이지만, 대청은 의례를 일상으로 끌어들여서 능률성을 확보합니다. 어떤 시기에는 생활공간으로 어떤 시기에는 의례공간으로 쓰는 겁니다. 공간을 시간으로 나누어 쓴다는 것은 한국인의 독특한 문화입니다. 우리에게는 방도 그렇지요. 방은 하루를 시간으로 잘게 나누어 침실, 식당, 거실, 공부방 등으로 씁니다. 그러나 대청은 일년을 단위 시간을 디자인하였습니다. 디자인에 시간을 고려해 넣은 것은 매우 창의적인 발상입니다. 대청은 때로는 성스러운 공간으로 때로는 세속적인 공간으로 바뀌면서 생활 속에서 제 기능을 다 합니다. 한옥 디자인이 생활과 매우 긴밀한 소통 속에서 진행되었음을 알 수 있습니다.

생활로 들어온 현대 디자인

디자인이 현대로 넘어오면서 예술과 구분된 자기의 위치를 확보할 수 있었던 것은 기능성에 있습니다. 칸트는 예술에 자유미를 설정하여 기능적인 아름다움을 추구하는 디자인을 낮추어 보았습니다. 어쩌면 칸트의 이런 생각이 역설적으로 디자인을 독자적인 눈으로 보게 만들었는지도 모릅니다. 디자인은 분명히 생활에 실용성을 제공해야 합니다. 그런 의미에서 디자이너는 예술가보다 일반인에게 훨씬 가까운 존재입니다. 일반인의 욕구를 대표하는 사람이라고나 할까요? '스마트 디자인'이 만든 굿 그립 시리즈는 디자인이 인간의 생활을 얼마나 윤택하게 할 수 있는지 확인해줍니다. 《비밀많은 디자인씨》(양철북)에서 일부를 옮겨봅니다.

> 유니버설 디나인을 대표하는 주방기구 전문회사 옥소OXO의 이름을 알린 제품으로 '굿 그립good grip 시리즈'가 있다. 그 탄생 배경을 살펴보면 유니버설 디자인에 담긴 사용자를 위한 세심한 배려를 읽어낼 수 있다. 미국의 주방용품 회사 컵코Cupco를 운영하던 샘 파버Sam faber는 은퇴후 아내와 노후를 즐기고 있었다. 어느 날 샘은 류머티즘을 앓는 아내 베시가 감자껍질을 벗기는데 손목부분에 힘이 들어가 통증을 느끼는 것을 발견했다. 그날밤 샘은 친구이자 다지인 컨설팅 회사 스마트 디자인Smart design을 운영하는 데이븐 스토웰Daven stowell에게 전화를 걸었다. '이봐 오래 사용해도 손목에 무리가 가지 않는 주방 도구를 디자인해보는 건 어때?' 스토웰은 멋진 제안이라고 생각했다. 스토웰은 제품개발을 맡은 댄 포모사Dan Formosa와 함께 힘을 적게 들여도 쉽게 다룰 수 있고 손에 쥐었을 때 느낌이 좋은 제품을 디자인하기로 했다. 이들은 먼저 사람들이 요리하는 과정을 관찰한 결과 손의 크기에 따라 각자 다른 방법으로 손잡이를 잡는다는 점을 알게 됐다. 대부분 작은 손잡이에 비해 큰 손잡이를 사용하기에 편리하다고 느낀다는 점도 발견했

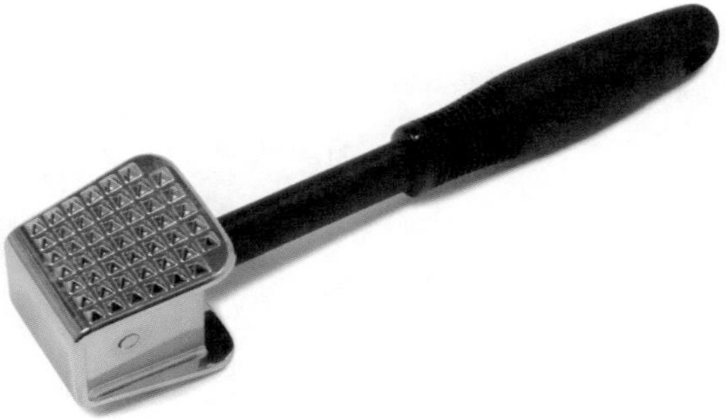

굿그립 시리즈

다. 다른 회사의 제품도 검토해봤다. 사용할 때 가장 힘이 많이 들어가는 부분은 손잡이인데 칼날이 잘 드는지에만 신경 쓴 제품이 대부분이었다. 플라스틱이나 나무로 손잡이를 만든 제품들은 딱딱해서 조금만 사용해도 손과 손목에 무리가 갔다. 그래서 자전거 핸들에 주로 쓰이는 부드럽고 탄성이 좋은 고무를 소재로 채택했다. 이런 과정을 통해 나온 굿 그립 시리즈는 다른 주방기구들에 비해 손잡이가 두툼하고 무거울 뿐 아니라 보기에 투박했다. 그렇지만 손에 힘이 부족하거나 손목을 자유롭게 쓰기 어려운 사람도 편리하게 다룰 수 있어 오랜 시간 사용해도 피로가 덜 했다. 또 촉감이 좋고 미끄럽지 않아 다른 어떤 도구들보다 편리하고 안전했다. 이 시리즈 제품들은 출시되자마자 놀라운 성공을 거두었다. 손이 불편한 주부뿐 아니라 많은 사람들이 사용하기에 편리했기 때문이다.

좋은 디자인은 스스로를 돕게 하는 것입니다. 스마트 디자인은 디자인이 생활을 지지하는 좋은 예입니다. 이는 한옥의 구들이 성취한 부분이기도 합니다. 구들은 부엌과 방과의 거리를 좁혀, 주부의 편의를 크게 높였습니다. 그리고 앞서 본 것처럼 취사와 난방을 하나로 만들어 일의 양을 줄였고, 가난한 사람들까지 겨울을 따뜻하게 날 수 있도록 집을 디자인했습니다. 우리 전통한옥 특히 민가를 초가삼간이라고 손가락질 했지만, 우리는 초가삼간이었기 때문에 충분히 따뜻한 겨울을 보냈다는 사실을 깨닫지 못하고 있습니다. 서양의 커다란 집은 결코 사람들에게 고르게 행복을 나누어줄 수 없었습니다. 그들은 구들이 없었기 때문에 집 안에서 불을 피워 난방을 할 수밖에 없었고, 그래서 집안에서 불이 나지 않도록 집을 크고 높게 지어야 했습니다. 가난한 사람이라면 이런 집을 지을 수 없었을 것입니다. 우리는 가난한 사람도 누구나 자기 집을 가질 수 있었습니다. 한편 공간을 시간으로 나누어 쓴 디자인도 사용자를 얼마나 세심하게 배려한 디자인인지 깨닫게 합니다. 그래서 디자인이 생활을 얼마큼 지지할 수 있는지는 디자인 윤리와도 이어지는 고리가 됩니다. 그리고 이것은 굿 그립 시리즈가 성공한 것에서 알 수 있는 것처럼 기업의 경제적인 성취와도 대립하지 않습니다.

디자인의 성장판, 형태

형태 없는 디자인은 불완전하지만, 기능 없는 형태는 위험하다

일상적으로 만나는 디자인의 공통점 두 개를 꼽으라면, 형태와 색이 있다는 점입니다. 색과 형태는 서양 예술에서 가장 중요한 두 축이었습니다. 그리고 이는 예술에서만 중요한 것이 아니라 디자인에서도 똑같이 중요합니다. 특히 현실에서 생활을 돕는 디자인이라면 형태는 더욱 중요합니다. 제 아무리 훌륭한 시인이어도 튼튼한 단어만으로는 집을 지을 수 없습니다. 디자이너 역시 시퍼런 색깔만으로 칼을 만들 수 없는 것이지요. 그러니 디자인에서 형태는 아무리 강조해도 지나치지 않습니다. 색은 기호嗜好의 차이라고 치부해버릴 수도 있지만, 형태는 생존과 밀접하게 관계됩니다. 뛰어야 사는 생명에게 다리라는 형태는 매우 긴요합니다. 하늘을 날아야 할 때라면 날개라는 형태가 꼭 필요합니다. 그러나 뒤집어 생각할 필요도 있습니다. 뛸 필요가 없는 물고기에게 다리가 있다면 이런 형태는 불편하고 때로는 물고기를 위험에 빠뜨리기도 할 것입니다. 그래서 불필요한 기능을 담은 형태는 제거하는 게 디자인의 기본입니다. 앞에서 날개를 포기한 나방도 그런 예입니다. 외모를 중시하는 인간이라면 결코 포기하지 못했겠지만, 나방은 미련 없이 날개를 포기했습니다. 형태 없는 디자인은 불완전하지만, 기능 없는 형태는 위험하다는 걸 겨울자나방은 잘 알고 있었기 때문입니다. 형태는 기능을 따른다는 말은 디자인에서 기능의 가치만큼 형태의 가치도 잘 보여줍니다.

형태는 디자인의 기본이다

기능은 형태 안에 머문다

큰호리병벌이 지은 집은 각을 세운 사각형이 아닙니다. 르코르뷔지에나 프랭크 로이드 라이트라면, 각을 세워 멋을 냈겠지만, 흙집이 바람을 견디려면 유선형이 유리하니까요. 르코르뷔지에가 인간 이성에서 출발하여 직선 형태를 선호했다면, 자연 속의 큰호리병벌은 본능적으로 곡선을 택했습니다. 그래서 디자인이라는 개념으로만 보면 인간보다 동물이 더 합리적일 수 있는 것이지요. 우리에게 익숙한 집의 개념으로 보면, 애벌레가 나올 문을 만들어야 하겠지만, 큰호리병벌이 지은 집에는 창과 문이 오히려 독이 됩니다. 애벌레를 잡아먹자고 달려들 포식자는 셀 수 없이 많습니다. 최근에는 인간까지 곤충을 식용으로 쓰자고

나서는 판국이니까요. 아이들이 길거리에서 벌레를 주워 먹을 날이 멀지 않은 것 같습니다. 아무려나 호리병 모양의 벌집은 본능이 자연과 어우러져 만든 최선의 형태입니다. 애벌레가 벽을 뚫고 나와야 하는 미래의 형편과 바람이 불고 비가 오는 상황을 모두 고려하여 형태를 결정한 것으로 보입니다. 호리병 둥지는 애벌레의 삶 자체를 도울 수 있는 형태야 합니다. 이 말은 형태가 단지 기능을 따라서 만들어질 수 없다는 의미이기도 합니다. 형태, 디자인의 원점이라고 할 수 있는데, 이때 형태는 기능 이상을 담아낸다는 점에서 '기능 + α'입니다. 이것이 디자인에서 말하는 형태지요. 칼을 디자인하면서 무언가를 자르는 기능만을 생각한다면, 굿 그립 시리즈는 나올 수 없습니다. 디자인에서 형태가 중요한 까닭은 디자인이 늘 기능 이상을 담아내야 하는 때문입니다. 스마트 디자인이 만든 굿 그립 시리즈는 기능과 형태의 차이를 잘 대변해 줍니다. 형태는 때로 기술도 담아냅니다. 거미가 순간적으로 먹잇감의 급소를 찌를 수 있는 기술이 그의 몸에 디자인 되어 있는 것처럼 말입니다. 거미줄을 빼내는 기술 역시 그의 몸에 디자인되어 있습니다. 메디슨 사의 날개 없는 선풍기도 제트엔진에서 출발하고 있습니다. 제트엔진을 다루는 기술이 메디슨 사의 선풍기에 녹아 있는 거죠. 제트엔진의 원리를 몰랐다면, 날개 없는 선풍기가 나올 수 없었을 것입니다. 그러나 그 디자인이 없었다면 역시 날개 없는 선풍기가 나올 수 없습니다. 그래서 '형태는 기능을 따른다.'는 말은 이제 수정되어야 합니다. '기능은 형태 안에 머문다.'

디자인의 첫걸음 비례와 대칭

서양미학에서 비례는 매우 열렬한 지지를 확보한 신앙 같은 것이었습니다. 특히 아름다움이 객관적으로 대상에 있다고 믿던 고전미학에서 비례는 거의 유일한 미적 기준이었습니다. 카논은 규격적인 이집트예술은 물론이고 자유로운 그리스 예술에서도 무시할 수 없는 인체비례의 기준이었습니다. 중세 화가들은 카논 대신 다른 비례를 사용했습니다. 사람을 그릴 때 직접적으로 인체비례를 확인해서 그리기보다는 기하적인 도형을 먼저 그려놓고, 그 도형에서 출발하여 원하는 형상을 그려나갔습니다. 기하학적인 비례가 중요한 구실을 한 것이지요. 지금도 많은 건축가들이 또 많은 디자이너들이 비례의 은혜 안에서 작품 활동을 합니다. 비례는 예술과 디자인에서 매우 편리하고 중요한 개념입니다.

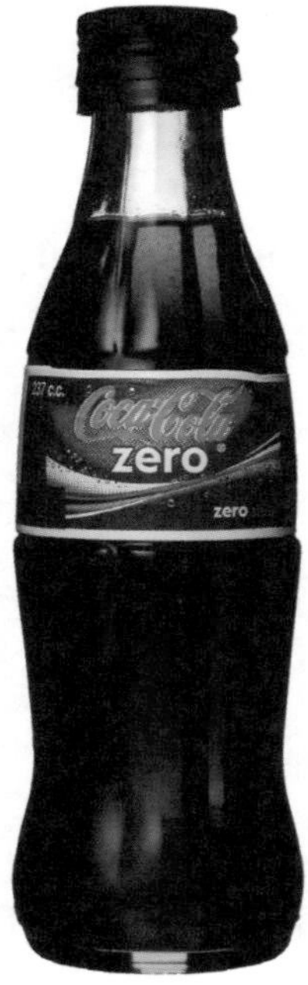

대칭

비례를 선호하는 이들에게 가장 익숙한 디자인은 대칭입니다. 디자이너의 손을 통해 나온 많은 제품들이 대칭입니다. 디자이너들이 대칭에 빠져드는 것은 그것이 일견 너무 자연스럽기 때문입니다. 인간이 만든 디자인을 빼놓고 봐도, 자연에서 볼 수 있는 디자인에서 대칭은 가장 흔합니다. 산길을 걷다 만난 꽃의 이미지에서 꽃 사이를 뛰어다니는 메뚜기의 이미지에서, 우리는 대칭이라는 마법의 원칙을 만납니다. 자연이 아니라 도시로 들어가도 크게 다르지 않습니다. 클랙슨을 크게 울려 사람을 놀라게 하고 내달리는 승용차에서부터 퇴근 길 잠깐 앉은 벤치에서 그리고 벤치 앞을 지나는 강아지에서 디자인은 모두 대칭입니다. 거울 속의 나도 대칭이고요. 하여 이 세상 거의 모든 디자인은 대칭 아래 한 형제입니다.

상황이 이렇다보니 사람들은 자연을 이해하기 위해서라도 비례와 대칭을 매우 중요하게 다루지 않을 수 없었습니다. 그래서 오래전부터 비례는 디자인을 넘어서 우주 본질을 이해하는 수단이 되기도 했습니다. 직각삼각형 원리로 유명한 피타고라스는 이 세상은 수로 이루어져 있다고 굳게 믿었습니다. 그들은 밤하늘에서 유영하는 별들의 운행을 수로 파악했습니다. 굳이 하늘까지도 갈 필요도 없습니다. 사람의 머리와 몸의 비율은 일정한 수치를 향해 수렴합니다. 꽃은 자신을 구성하는 잎을 일정한 규칙으로 디자인합니다. 꽃잎의 수에서 크기까지. 이 세상의 모든 것이 수와 비례로 설명이 가능할 것 같습니다. 보이지 않는 음악도 수로 설명할 수 있으니까요. 그래서 수를 숭상한 서양 사람들은 자연을 들여다보면 그 안에는 커다란 수학적 본질이 있다고 믿었습니다. 그 규칙을 확인할 수만 있다면, 우주의 본질을 알아낼 수도 있을 것이며, 가장 아름다운 것도 만들어낼 수 있으리라고 확신했습니다. 황금비율은 그들이 찾은 최고의 수확물이었습니다. 그들의 수와 비례에 대한 믿음에 확신을 더해준 것이 바로 자연에서 만나는 디자인의 대칭일 것입니다. 대칭은 우리를 매우 편하게 합니다. 익숙하니까요. 이는 심리적으로도 작용하여, 일상적으로 사용하는 물건에서 대칭 디자인을 많이 볼 수 있습니다.

한옥에서 배우는 비례

비례는 건축에서 매우 중요한 원칙입니다. 한옥도 건축인 한에서 다른 나라 건축에서와 똑같이 비례가 중요합니다. 때로는 비례미가 뛰어난 경우도 있습니다. 특히 석굴암은 이게 우리나라의 건축이 맞나 싶을 정도로 매우 기하학적인 형태를 유지합니다. 그러니 석굴암은 당연히 대칭적이고, 비례미가 뛰어나다고 할 수 있습니다. 유흥준 교수는 모 텔레비전 프로그램에 나와서 석굴암을 우리나라 최고의 작품으로 꼽기까지 했습니다. 비례가 건축에서 중요한 까닭은 특히 안전과 관계있습니다. 만약 집을 짓는데 비례를 무시한다면, 그 집은 결코 안전한 집이 될 수 없습니다. 두 개의 기둥은 1:1의 비율로 서 있어야 그 위에 대들보와 지붕이 안전하게 얹힐 수 있습니다. 건축은 실제 물리적으로 안전해야 하지만, 건축을 보는 우리 눈에도 안정감을 주어야 합니다. 그래야 심리적으로 안정감을 받을 수 있습니다. 이때 대칭은 매우 유용한 도구입니다. 결국 한옥을 짓는 과정은 비례와 대칭을 통해서 이루어집니다.

많은 사람들이 한옥의 아름다움을 말하면서 곡선을 이야기합니다. 그런데 사실을 말하자면, 한옥의 대부분은 직선을 기본으로 지어집니다. 기둥, 대들보, 문을 달기 위한 문선, 어떤 부재도 직선을 기본으로 제작됩니다. 한옥은 특히 수평선과 수직선의 중요성을 잘 인식하고 있었습니다. 수평선과 수직선이 갖는 구조적 중요성은 물론이고, 심리적 중요성도 잘 파악하고 있었던 거죠. 일 년 내내 쓰는 방은 심리적인 안정을 위해 수평과 수직을 이용하여 구성합니다. 방을 만들 때에는 벽을 기우뚱하게 세우지도 않고, 천장을 비스듬하게 만들지도 않습니다. 그래서 생활하는 집을 원으로 짓지도 않습니다. 원형 집이 좋다고 말하지만, 한옥은 사람이 오래 머무는 방에는 곡선보다 직선을 선호합니다. 이를 위해서 직각삼각형 원리를 쓰기도 합니다. 이를 한옥에서는 구고현법이라고 하지요. 구고현법은 한옥에서 직각은 물론 직선을 구현하는 방법입니다. 안정적인 대칭과 반복되는 비례는 마음을 최적 상태로 유지해줍니다.

대칭은 안정적이어서 일상생활과 관련되는 디자인에서 쉽게 만날 수 있습니다. 당장 여러분이 만나는 컴퓨터, 책상, 칫솔 그리고 대부분의 일상용품을 보면 그것이 정확하게 대칭을 이루고 있다는 사실을 깨달을 수 있습니다. 일상적으로 사용하는 제품에서 비례를 포기하면 심리적으로 불안해지기 쉬우니까요. 첨단 기술을 담아내서 디자인까지 첨단으로 나선 휴대전화 역시 대칭 안에서 비례를 고집합니다. 그만큼 대칭은 결코 피할 수 없는 디자인 원칙입니다.

대칭을 넘어서다

자연, 대칭 너머로 가다

익숙하고 친숙한 비례는 서양 사람들을 비례의 숭배자로 만들었습니다. 서양 사람들은 비례를 아름다움의 원칙으로 세우기도 했습니다. 그러나 조금만 주의를 기울여 보면, 아름다움이 비례라는 주장이 얼마나 터무니없는 지 곧 깨달을 수 있습니다. 사진 속의 꽃을 보세요. 꽃을 잡고 있는 줄기가 꽃에 비해 얼마나 가는가요? 기린의 목은 또 어떻습니까? 그렇게 긴 목이 비례에 맞는다면, 인간의 목은 뭐가 되겠습니까? 그럼 이번에는 비례의 연장선에 있는 대칭에 대해서 살펴볼까요? 사실 현실에서는 대칭을 실제 만나기가 쉽지 않습니다. 그것은 대칭이

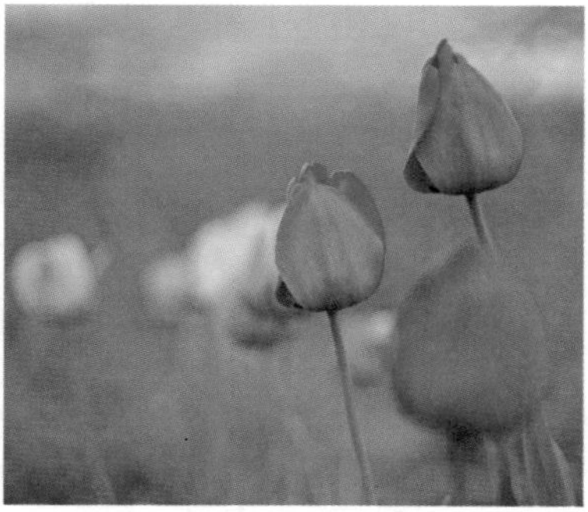
꽃

유지되기에는 현실적인 상황이 그리 호락호락하지 않기 때문입니다. 지구에는 중력이 있고, 기압의 차가 있고, 동물마다 차이 나는 유전자가 있습니다. 그래서 엄밀하게 대칭인 것을 우리는 쉽게 보기 힘듭니다.

자연을 구성하는 원리는 비례나 대칭이라고 할 수 있을지 모르지만, 실제 존재하는 형태가 비례나 대칭인 경우는 매우 드뭅니다. 비례나 대칭은 우리 시각적 느낌의 이념형일 뿐인 거죠. 오히려 비례에서 벗어난 안정적인 비대칭이 현실에서는 제일 자연스럽습니다. 그래서 현대 디자이너는 대칭보다는 안정적인 비대칭에 관심을 기울입니다. 경우에 따라서 우리는 대칭보다 비대칭에서 훨씬 안정적인 느낌을 받기도 하니까요. 이때 우리가 느끼는 안정감은 비대칭이 마련해준 '조화' 때문일 것입니다. 조화의 사전적인 뜻은 '어긋나거나 부딪침이 없이 서로 고르게 잘 어울림, 모순되거나 어

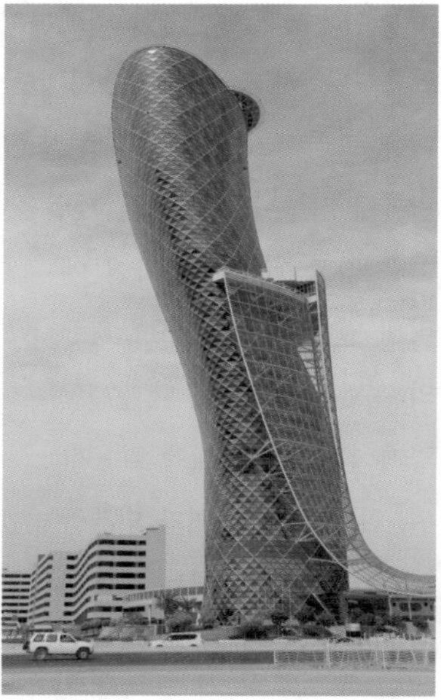

비대칭의 조화

긋남이 없이 서로 잘 어울리는 상태'입니다. 그러니까 둘 이상이 잘 어울리는 걸 조화라고 하는데, 조화는 같은 것이 아니라 다른 것에서 느껴지는 감정 현상입니다. 그래서 조화를 이루는 대상을 둘이라고 하고, 그 둘을 남녀라고 설정하면 이 둘을 도무지 비례나 대칭으로는 설명할 방법이 없습니다. 이때 조화는 다양한 시각적 감정적 스펙트럼을 갖게 됩니다. 두 남녀가 우리에게 전해주는 느낌은 다양합니다. 동물적인 감각일 수도 있고 문화적인 감각일 수도 있습니다. 그래서 그 어울림은 아름다운 외모와 미끈한 몸매일 수도 있고, 두 사람의 세련된 옷이나 문화적 스타일일 수도 있습니다. 그래서 어울림은 대칭보다는 안정적인 비대칭에서 더 쉽게 발견할 수 있습니다. 때로는 대상을 보는 사람의 심적인 상태, 문화적 수준에 따라서 일반인과는 전혀 다른 조화로움을 대상에서 찾아내기도 하지요. 조화는 그래서 유사함이 전제될 필요도 없고, 남녀처럼 완전히 대비되는 반대 개념을 전제할 필요도 없습니다. 이 부분이 디자인에서 인간적인 가치가 발휘되는 부분입니다.

우리는 왜 대칭에 현혹될까?

레오나르도 다빈치의 그림 '비트루비우스의 인간'은 비례와 대칭의 관계를 매우 잘 보여준다. 비트루비우스의 비례에서 출발해서 과학자에 가까운 레오나르도 다빈치의 경험이 도달한 그림입니다. 이성과 경험을 포괄하는 그림인 셈이지요. 그림에서처럼 균형은 시각적인 안정감과 함께 심리적인 안정감을 줍니다. 그래서 이집트나 중세처럼 내세중심적인 시대는 물론이고, 현세를 강조한 르네상스 시대에도 비례와 대칭은 중요했습니다. 내세 중심의 사회에서는 불변하는 내세를 그리기 위해 비례를 숭배했고, 현세를 중시하는 사회에서는 현세의 아름다움을 그리기 위해 비례를 중시했습니다. 이는 비례에 신비주의가 숨어 있을 가능성을 엿보게 합니다. 비례를 통해서 신에게 다가갈 수 있을지도 모른다는 생각을 하는 거죠. 실제 비례를 이용한 추상화가인 몬드리안이 신비주의에 경도된 사람이라는 것은 다 알려진 사실입니다. 서양에서 기하학과 비례 그리고 대칭이 얼마나 매력적인 결합인지를 확인할 수 있습니다. 비례를 해석하는 방법에 차이가 있지만, 비례는 피할 수 없는 예술의 도구였습니다.

비례가 대칭으로 표현되면, 우리 마음을 평정하게 하는 데에 유용합니다. 요동치는 마음을 다스리는 것은 동서양 철학의 공통된 관심사였습니다. 그래서 대칭은 하나의 이념형이 된 것이지요. 특히 서양은 인간 이성의 질서와 자연의 무질서를 대립시키고, 인간의 이성이 자연의 무질서를 제압할 수 있다고 믿었습니다. 그리하여 서양 사람들은 플라톤의 이데아와 기하학으로 무장한 채 아름다움을 통제했습니다. 이들에게 기하학적으로 표현할 수 없는 곡선은 불완전할 수밖에 없었습니다. 그래서 그들은 정사각형 정삼각형 등 기하학적이고 특히 대칭적인 도형을 선호했습니다. 곡선이라면 좀더 완벽한 원을 좋아했습니다.

'하나의 점에서 똑같은 거리에 있는 점들의 집합'이라는 기하학적인 정의가 가능한 원을 선호했던 거죠. 이런 본질에 대한 추구를 통해서 이성이 자신의 영역을 넘어서 감각의 세계까지 지배하려 들면서 고전 미학이 탄생했습니다. 서양의 비례는 무질서에 대한 질서의 우위를 천명한 것이고, 자연적 본능에 대한 인간 지성의 우위를 과시한 것입니다. 그리하여 비례로 보는 세상은 하나로 체계화되고 대칭으로 통일됩니다. 그러나 엄밀하게 말하자면 자연이 우리에게 다가오는 방법은 비대칭이라고 해야 맞습니다. 대칭이라는 생각은 기하학이 가져다주는 선입관인 거죠.

서양의 건축 역시 비례를 기본으로 합니다. 한 걸음 더 나아가 르네상스 때에는 기하학적인 도형을 가지고 건축에 임했습니다. 삼각형 사각형 원으로만 건물을 짓기도 했으니까요. 하지만 이는 미학적으로 보면 인간이 자신의 이성에 매몰되어 벌어지는 비극일 수도 있습니다. 제작비례와 아름다움의 비례가 같아야 한다는 믿음은 세상을 하나의 원칙으로 설명하려는 시도일 뿐, 오늘날 우리가 느끼는 아름다움이 될 수는 없는 것이지요. 현대미학에서 비례는 그리 중요하지 않으니까요.

대칭에서 비대칭으로, 한옥의 변신

성공한 디자이너는 형태에 달인들입니다. 디자이너들은 쓸 만한 형태를 디자인으로 담아내기 위해 다양한 시도를 합니다. 그 결과 나온 형태는 외관상 단순해 보여도 그리 단순하지 않습니다. 이미 앞에서 본 것처럼 디자인은 복잡함을 단순함으로 녹여내는 융합 과정이기 때문입니다. 그래서 외관상 단순한 디자인이지만, 비유하자면 오케스트라가 만드는 연주처럼 다양성이 들어가야 제대로 된 디자인이라고 할 수 있습니다. 이런 것에서 대칭을 기대한다는 것은 어처구니없는 일일 수도 있습니다. 그리하여 디자인은 예술과 달리 조화를 통해서 안정적인 비대칭으로 향할 수밖에 없습니다.

한옥 건축의 기본 모듈인 간으로 돌아가 볼까요? 한옥 디자인의 첫 번째 특징은 이 모듈을 통해 나타나는 대칭입니다. 그런데, 한옥은 모듈을 반복하다 보면 어느 순간 반복되던 대칭이 깨지면서, 비대칭을 만들어냅니다. 우리는 여기서 몬드리안의 그림을 볼 필요가 있습니다. 몬드리안은 회화를 추상화시킨 대표적인 작가입니다. 그는 대칭적인 그림을 좋아했지만, 어느 순간 대칭을 포기하고 비대칭을 그립니다. 그런데 비대칭 안에 비례는 남겨둔 채로 그립니다. 그는 자연을 벗어나기 위한 방법으로 비대칭 작품을 그린다고 주장했습니다. 자연을 벗어나기 위해 비례와 대칭을 선호하던 그들의 전통과 다른 주장입니다. 그들의 전통에서 자연은 무질서하고, 여기에 질서를 부여하는 것이 인간 이성의 비례입니다. 그들이 비례와 대칭을 중요시하는 까닭입니다. 그래서 저는 이런 생각을 합니다. 그의 그림은 혹시 비대칭이라는 자연 속에 숨은 비례(본질)을 그린 게 아닐까? 우리에게 보이는 자연은 대칭도 아니고 비례도 아니지만, 그 자연을 구성하는 본질은 비례라는 생각을 그린 것이지요. 그렇다면 그의 작품은 자연을 벗어나기보다는 차라리 자연을 그렸다고 보는 게 나을 것 같습니다. 비대칭인 실제 자연과 그 안에 숨은 제작원리로서의 비례. 몬드리안은 예측하지 못했겠지만, 그렇게 해석하는 것이 그의 그림에 대한 가장 큰 찬사일지 모릅니다. 근원적인 일자에 대한 믿음이 이런 그림을 그리게 했지 싶습니다.

비대칭 안에 비례를 숨기는 몬드리안의 그림. 한옥은 딱 그런 형태입니다. 우리 건물 안에 몬드리안이 숨어 있는 셈이지요. 비대칭은 매우 다양하게 나타납니다. ㄱㄴㄷㄹ 모두 모듈이 반복되면서 나타난 비대칭입니다. 그렇게 한옥은 대칭을 반복하면서 자연스럽게 비대칭을 끌어안습니다. 이 비대칭이 자연의 모습에서 만날 수 있는 안정적인 형태입니다. 이게 한옥 디자인의 두 번째 특징입니다. 그래서 한옥은 비례에서 출발하지만, 비례에 구속되지 않고 비례를 넘어 비대칭을 향합니다. 비례에 구속되지 않는 안정적인 비대칭이 우리 한옥이 성취한 미적 감각이며 디자인 능력입니다. 간이라는 모듈은 한옥이 가진 창의적인 디자인의 출발점입니다. 여기에 몬드리안의 그림이 정확하게 닿아 있습니다. 다만 몬드리안이 자연에 대한 불신에서 비대칭을 비례로 수렴시켰다면, 한옥은 자연에 대한 신뢰를 통해 비례를 비대칭으로 확장했다는 점에 차이가 있습니다. 우리는 결국 이 비대칭을 자연의 흐름으로 가져가니까요.

지금까지 본 것처럼 한옥이 안정적인 비대칭 디자인에 도달할 수 있었던 것은 동양건축의 특징이기도 한 모듈의 기여가 컸습니다. 그러나 이것만으로 다양한 비대칭이 나올 수 있는 건 아닙니다. 동양 삼국 중에서도 우리만이 안정적인 비대칭을 확보한 데에는 마당이 큰 역할을 했습니다. 뒤에서 한옥의 건축개념을 다시 보겠지만, 다른 나라에서 건축은 건물을 의미했지만, 우리에게 건축은 건물에 더하여 마당이 있었습니다. 언뜻 마당을 건물 밖이라는 생각에 건축에 포함되지 않는 외부영역으로 인식하지만, 생활공간이라는 점에서 마당은 여전히 건축의 영역입니다. 마당은 여름에 주로 생활하는 공간입니다. 이 마당은 아무것도 없지만, 분명히 건축 공간입니다. 이 특별한 공간은 추운 계절이 있는 나라의 건축에서는 보기 힘든, 건물 외부의 생활공간입니다. 일단 마당이 건축 개념으로 들어가면 우리 건축은 단순한 비례로 설명할 수 없게 됩니다. 건축을 할 때 마당을 고려하면 자연스럽게 비례를 뛰어넘는 안정적인 구조를 확보할 수 있습니다. 건물만 비대칭으로 도로변에 돌출되어 있다고 생각하면, 그것만큼 부자연스러운 것도 없을 것입니다. 그러나 우리는 마당이라는 버퍼가 있기 때문에 건물의 비대칭을 흡수해줍니다. 우리 건물이 비대칭이 될 수 있었던 것은 이를 조화롭게 만드는 마당이 있었기 때문에 가능했습니다. 아무 것도 없는 마당이지만 우리가 디자인을 생각할 때 한 번 고려해볼 만한 콘셉트입니다.

한옥의 제작원리는 비례에서 출발하지만, 결과는 늘 비대칭으로 나옵니다. 왜 그럴까요? 건축적으로 마당이 중요하지만, 건물만을 놓고 보면 가장 직접적인 이유는 부엌에 있습니다. 구들을 본격적으로 쓰면서 아궁이 하나로 취사와 난방을 동시에 해결하기 시작했습니다. 이를 위해서는 부엌이 방과 붙어야 하는데, 이렇게 되면 건물은 대칭이 될 수 없습니다. 어떻게 하든 방 한 쪽에 부엌이 들어가기 때문입니다. 그래서 우리 건축은 비대칭에 매우 관대합니다. 건물의 좌우가 다른 것은 물론이고, 위아래도 다르니까요. 건물 전체의 모습도 일반적으로 나타나는 직사각형이 아니라 한글의 자음이 거의 모두 나타날 정도로 다양합니다. 이런 비대칭을 조화롭게 만드는 것은 앞에서 본 마당입니다. 우리는 마당이라는 넓은 공간을 통해서 건물을 보기 때문에 대칭이라는 동일성을 확인하기보다는, 집의 부재들이 만드는 조화를 보고, 더 크게는 집과 자연이 만드는 조화를 봅니다. 건축에는 자경이라는 개념이 있습니다. 건축물 자체가 풍경이 되는 것인데, 한옥에는 자경이 특히 발달합니다. 건물의 움직임이 커서 건물 자체가 사람의 시선을 잡아두기 때문입니다. 대칭으로 네모지게 만들지 않기 때문에 건물의 형태가 다양해지고, 보는 위치가 달라지면 바라다보는 건물 모습이 모두 달라집니다. 모퉁이 방에서 보는 건넌방과 자연의 어울림은 한옥에서나 가능한 장면입니다. 다른 나라처럼 중정 중심의 대칭 건물이라면 기껏 보이는 건물이라고 해야 마주보는 부분 뿐이잖아요? 그런데, 우리는 터진 형태의 건물이어서 건물과 자연이 늘 같이 눈에 들어옵니다. 이는 건물의 안과 밖이 휘감기는 독특한 효과를 만드는데, 이 장면은 미술사의 한 페이지를 장식한 미래주의자의 작품 하나를 떠올리게 합니다. 움베르트토 보초니가 만든 조각 '공간 속에서 연속성의 특수한 형태'를 보면 조각의 안과 밖이 명확하게 구분되지 않습니다. 형상의 안은 밖으로 확산되고 밖은 안으로 접혀 들어갑니다. 그는 이 작품을 만들 당시 몹시 혼란스러운 심리적 상태에 있었던 것으로 보입니다. 대칭에 익숙하고 안과 밖을 구분하는 데에 결연한 서양 사람들에게 안팎을 하나의 작품에 담아둔다는 것은 상상을 넘어서는 매우 특별한 일이었습니다. 창작과정은 그에게 그 만큼 큰 고통을 주었을 것입니다. 그는 묻습니다. 그것은 내부인가? 외부인가? 분석인가? 종합인가? 안이 밖으

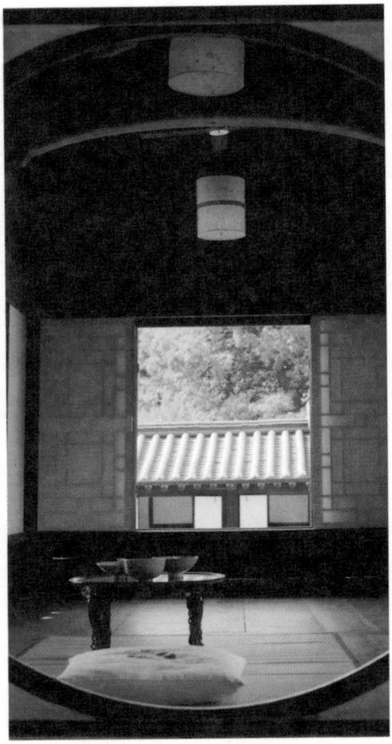
한옥의 자경

로 밀고나오고 밖이 안으로 밀고 들어가는 작품은 속도에 무너지는 대칭의 이미지입니다.

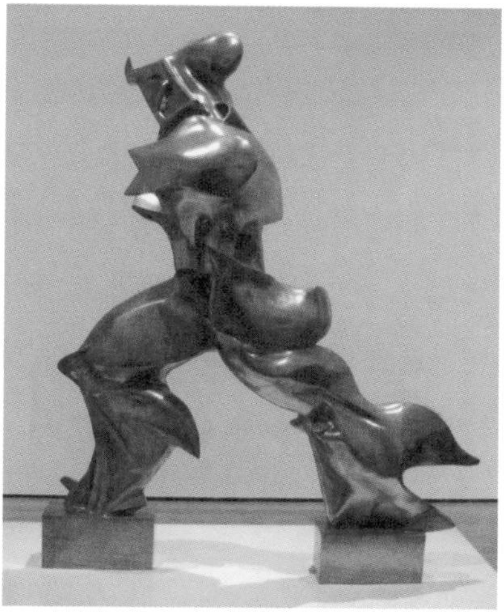

공간 속에서 연속성의 특수한 형태

안정적인 비대칭은 비례를 강조하는 미술교육만으로 익히는 데에는 한계가 있을 수밖에 없습니다. 대칭과 비례는 배우기 쉽지만, 대칭과 비례를 벗어난 안정적인 비대칭은 오히려 배우기가 쉽지 않습니다. 이것은 좀더 직관적인 영역이기 때문입니다. 비대칭 디자인으로 최근에 우리의 시선을 잡은 것이 현대자동차 벨로스터입니다. 우리의 디자인 감각을 매우 잘 끌어낸 디자인입니다. 속도의 상징인 자동차에 비대칭을 넣었다는 것은 서양의 미래주의와도 이어질 수 있는 디자인입니다. 조금 전 확인한 보초니의 '공간 속에서 연속성의 특수한 형태'가 바로 그것이지요. 아무튼 이 차의 조수석 쪽에는 일반자동차처럼 문이 두 개이지만, 운전석 쪽에는 문이 하나입니다. 이 차가 사업적으로 얼마나 많은 성공을 했는가와는 별개로 우리 디자인 역사에서 의미 있는 자리를 차지할 것입니다. 이 기발한 비대칭 디자인은 미국에서 '수송부문

2011 굿 디자인 상'을 받았고 2012년에는 캐나다 자동차 기자협회가 선정한 '최고 디자인상'을 받았습니다. 우리는 비대칭 디자인이 매우 익숙한 사람들입니다. 그런 집에서 살았으니까요. 우리를 제외하면, 건축에서 비대칭이 제일 발달한 나라가 일본입니다. 닛산의 큐브가 일본에서 나온 것도 역시 디자인이 문화의 영향을 받는다는 점을 확인해줍니다. 적어도 비대칭 디자인이 좀더 직관에 의존하는 것이라면 우리는 여기에서 큰 경쟁력을 갖춘 셈입니다.

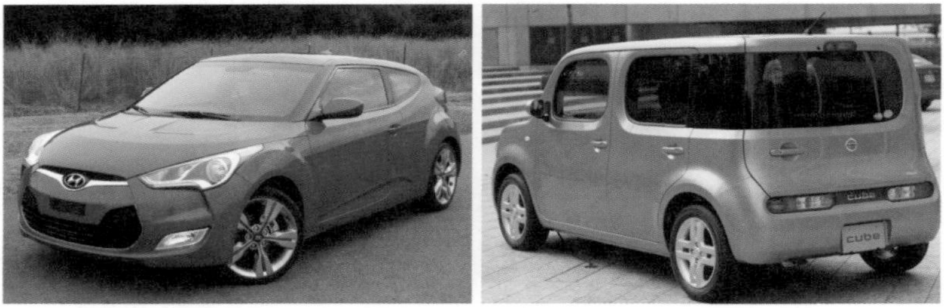

비대칭 디자인의 자동차

디자인의 역설, 색

기능에서 형태가 차지하는 비중은 높지만, 형태가 기능의 전부를 감당하지는 못합니다. 그래서 동식물이 파트너나 먹이를 유혹할 때 냄새를 이용하거나 색을 쓰기도 합니다. 이때 색깔의 도움을 받지 못한 형태는 제 기능을 발휘할 수가 없습니다. 자연에서 디자인의 첫 번째 기능은 생존입니다. 색은 이럴 때 매우 요긴한 수단입니다. 보호색이 없다면, 많은 생명들이 천적으로부터 자기를 보호하지 못합니다. 그런 의미에서 본다면 색 자체에 기능이 숨어 있는 셈입니다. 기능을 고려할 때 색을 같이 염두에 두어야 하는 까닭입니다. 형태가 직접적이라면 색은 간접적일 수 있지만, 상황에 따라서 색은 형태보다 중요할 수도 있습니다. 특히 문화적 감성이 중요한 인간을 대상으로 한 디자인이라면 형태보다 색이 중요한 경우가 다양하게 나타납니다.

형과 색을 다시 보다

산업혁명기 영국 도시에서 살던 후추나방은 흰색 바탕에 검은 점으로 자신의 날개를 장식했습니다. 자작나무에 숨어 살기 위한 보호색이었습니다. 그러나 도시가 오염되면서 자작나무가 공장에서 쏟아져 나오는 그름을 덮어쓰고 검게 변하자 후추나방도 변화된 자작나무의 색에 맞추어 몸 색을 어두운 갈색으로 바꿉니다. 천적의 눈을 피하기 위해서입니다. 이보다 더 극적인 상황을 우리 주변에서 볼 수 있습니다.

똑같은 유리산누에나방의 고치라도 고치가 만들어진 상황에 따라서 색깔이 다릅니다. 고치 주변 잎사귀의 색에 고치의 색깔을 맞추는 방법으로 자기를 보호하려는 전략입니다. 처음 고치를 만들기 위해 나온 실의 색깔은 흰색에 가깝지만, 고치가 완성될 쯤에는 고치가 터 잡은 나뭇잎 색깔과 비슷해집니다. 보호색을 쓰는 것은 고치만이 아닙니다. 애벌레도 마찬가지지요. 자기가 올라탄 나무와 비슷한 색으로 자신을 맞춥니다. 이렇게 할 수 있는 것은 애벌레에게 색소를 조정할 수 있는 단백질이 있기 때문입니다. 상황을 보고 색깔을 판단해서 조치를 취하는 이 행위는 너무도 지성적으로 느껴집니다. 그러나 곤충은 이를 본능으로 해결하는 거죠. 분명히 상황판단을 하는 것 같은데, 이것이 본능적으로 처리된다는 거죠. 이는 우리와 다른 방식으로 진화를 선택한 까닭입니다. 아무튼 형태는 바꾸기 어렵기 때문에, 디자인을 변형할 필요가 있을 때 단기적인 방법으로 색을 활용하는 겁니다.

일상적으로 상품 디자인을 하는 디자이너도 형태를 만들고 이후 색을 고려하는 패턴이 제일 많은데, 이는 자연 속의 생명처럼 매우 자연스러운 현상입니다. 하지만, 인간은 자연의 디자인에는 없는 독특한 디자인을 만들어 냅니다. 이 중 하나가 앞으로 볼 패키지 디자인인데, 여기서 색은 결코 형태에 종속되지 않습니다. 어쩌면 패키지 디자인은 기존 디자인에 대한 반란으로 태어난 것인지도 모르겠습니다.

기능과 인터페이스로서의 색

형태는 전통적으로 색보다 중요합니다. 독일의 미학자 빙켈만Johann Joachim Winckelmann(1717~1768)은 색채는 미에 이바지 하지만 미를 구성하지 않는다고 하여 색을 비례보다 한 수 낮추어 보았습니다. 물론 최근에는 잭슨폴록의 그림처럼 색이 형태를 압도하는 그림이 나오고 있지만, 과거 서구 미술사에서 비례를 통해 세상을 인식하려는 자세는 비교적 일관된 특징이었습니다. 형태를 있게 한 것이 비례라면, 색을 있게 한 것은 빛입니다. 비례는 형태의 이념형이고, 빛은 색의 이념형인 셈이지요. 그래서 색은 빛의 다른 말이기도 합니다. 그렇다고 색이 빛과 늘 같은 대우를 받았던 것은 아닙니다. 본질을 추구하는 서양에서 수시로 변하는 색은 오히려 질서 잡힌 이성이 아니라 무질서한 자연에 속할 수 있습니다. 색을 중시하던 마티스에게 붙여진 야수파라는 이름에서는 여전히 색에 대한 경멸이 묻어납니다. 형이 질서라면, 색은 무질서를 대표하는 거죠. 하지만, 색이 아닌 빛은 과거 서양에서 매우 중요했습니다. 특히 플로티노스 이후 기독교 유일신 신앙으로 하나가 되었던 탓에 하늘에서 내리는 빛은 자연스럽게 하느님과 하느님의 은총을 연상시켰습니다. 오늘 날 그 빛을 계승한 것이 색입니다. 인공조명이 세상을 장악한 지금 빛은 예전만큼 성스러움을 주장할 수 없습니다. 이제 빛의 영광을 색이 계승한 것이지요. 디자인에서 색을 홀대할 수 없는 까닭입니다. 색은 신앙인의 영성에도 관계있는 것입니다.

산업 디자인에서도 색은 생각보다 중요합니다. 컴퓨터 자판기를 만들어도 빨간 배경에 주황색 자판을 만드는 것보다 검정색 배경에 흰 색 자판을 만드는 게 낫습니다. 때로는 색 자체가 기능을 대신하기도 합니다. 상복喪服을 디자인할 때 여기에 빨간 색을 넣는다면 상복이라는 디자인 자체를 폐기하는 결과가 됩니다. 오히려 검정색이나 흰 색이라면 그 옷을 다른 용도로 만들었다고 해도 상복으로 대체하여 사용할 수 있다는 점을 생각하면, 경우에 따라 색 자체가 기능이 될 수 있다는 것을 확인할 수 있습니다. 상복이 굳이 그 색이어야 하는 것은, 그 색을 통해서 우리는 상주에게 애도의 마음을 전할 수 있기 때문입니다. 즉 사람과 사람 사이의 인터페이스로서 색이 매우 중요함을 의미합니다. 곤충의 경우 몸을 덮은 색은 상황에 따라 달라집니다. 색이 생존을 위한 소극적인 방책이기 때문입니다. 자연에서도 색은 환경과의 인터페이스로 중요합니다. 사진 속의 잠자리는 좋은 장소를 다 마다하고 자신과 비슷한 색깔의 나뭇잎 위에 앉아 쉬고 있습니다. 색을 보호색과는 거꾸로 자신을 드러내기 위해 사용하기도 합니다. 대체로 나뭇잎은 초록색이지만, 꽃은 이것과 확연히 구별되어 도드라지는 색으로 자신을 디자인합니다. 때로는 보색으로 때로는 명도 차이를 크게 해서 자신의 목적을 달성합니다. 여기서도 색은 인터페이스로서 기능합니다. 꿀을 줄 테니까 내게 와라, 꽃은 벌과 그렇게 소통 하는 것이지요. 환경에 자신을 적절히 설정하여 소통하는 방법입니다. 이는 디자인에서도 비슷하게 나타납니다. 디자이너는 색을 통해서 디자인을 수용하는 사람과 소통하고 디자인을 소비하게 합니다. 색은 소비자의 감각에 호소하는 매우 직접적인 디자인 요소입니

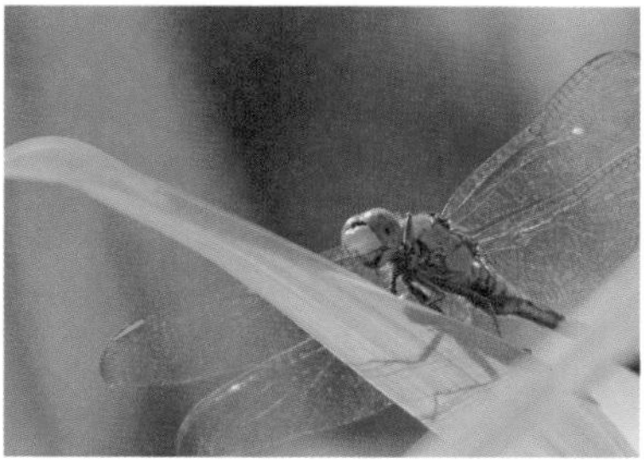

잠자리

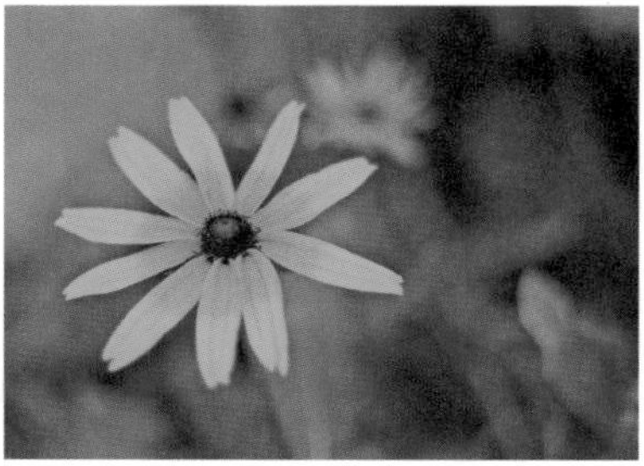

도드라지는 꽃의 색

다. 결국 세상의 모든 디자인은 형태와 색의 종합으로 완성됩니다. 특히 디자인이 단순한 기능을 넘어서 판매의 수단이 되면서 디자인의 인터페이스 성격이 강조될 수밖에 없는데, 이때 색은 사람들의 마음에 수를 놓는 기능을 합니다. 사람의 마음을 따뜻하게 할 수도 있고, 냉정하게 할 수도 있습니다. 욕망을 자극하기도 하지요. 물론 사람의 마음만 움직이는 것은 아닙니다. 색깔 자체가 상품의 특성을 보여줄 수도 있습니다. 특히 패키지 디자인에서는 색이 이미 형태와 대등한 수준에 도달해 있음을 우리는 생활 곳곳에서 느끼고 있습니다.

색의 두 가지 모습, 원색과 바탕색

현대 디자인에서 감성적인 영역이 확대되면서, 디자인에서 색의 중요성은 점점 커지고 있습니다. 앞에서 본 것처럼 기능이 형태를 지향한다면, 감성은 색을 지향한다고 말할 수 있습니다. 색은 개인적인 취향이나 정서에 직접적으로 호소한다는 점에서 소비를 지향하는 산업디자인에서도 매우 중요합니다. 그런데, 우리는 색을 두 가지로 나누어 접근할 필요가 있습니다. 하나는 원색이고 다른 하나는 바탕색입니다. 원색은 직사광선 아래서 자신의 매력을 모두 보여줄 수 있습니다. 이는 전설적인 책 알베르티의 《회화론》에도 나옵니다. 빛은 색을 밝고 또렷하게 만든다고. 이에 비해서 바탕색은 간접광선에서 더 호소력을 낼 수 있습니다. 이 부분에 대해서는 조금 설명할 필요가 있습니다.

안락사(존엄사)를 다룬 영화 중 대중성과 예술성을 모두 확보한 영화로 〈청원〉이 있습니다. 이 영화의 배경이 된 인도 휴양지 고아의 성은 이 영화의 전체적인 분위기를 잘 받쳐주었습니다. 최고의 마술사였던 주인공 이튼은 마술쇼를 하는 도중에 경쟁자의 계획적인 사고로 전신마비가 됩니다. 그는 이 절망적인 상황과 육체적 고통을 버티며 재활을 꿈꿉니다. 자그마치 14년간을 그렇게 보냅니다. 하지만, 치유에 관한 어떤 가능성도 없다는 사실을 확인한 그는 자신에게 죽음을 허용해 달라는 청원을 법원에 냅니다. 청원이 진행되는 동안 안락사에 대한 주변 사람들의 심적 태도와 변화를 밀도 있게 그려낸 영화입니다. 불운의 마술사 이튼으로 분한 리틱 로샨과 그의 헌신적인 간호사로 분한 아이쉬와라 라이, 두 사람의 아름다운 육체와 마음이 스토리를 끌고나가며 슬픔을 증폭시킵니다. 그런데 저는 이 영화의 배경이 된 성城이 없었다면, 아마도 장중한 톤으로 이어지는 영화의 색깔은 빛이 바랬을지도 모른다고 생각합니다. 촛불을 켜지 않으면 한낮에도 어둠에 휩싸이는 성은 인간 내면의 한 면을 보여주는 것도 같습니다. 어둠과 빛. 이 어둠을 넘어서기 위해서 서양의 건축은 부단히 노력했습니다. 이는 서양과 우리의 색감이 원천적으로 다를 수 있음을 보여줍니다. 그들은 벽식으로 건물을 지어 내부가 늘 어두웠습니다. 돌로 집을 짓기 때문에 습기도 많이 찼고요. 그래서 직사광선에 대한 애착이 생활 속에서 클 수밖에 없었습니다. 직사광선은 신앙적으로도 매우 중요했습니다. 유일신을 믿는 그들은 어두운 교회 건물 위에서 떨어지는 직사광선을 통해서 하느님을 인식했습니다. 고딕성당에서는 빛이 스테인드글라스를 통해 성당 안으로 들어오는데 이는 신자들을 황홀경으로 빠뜨렸고, 로마네스크 양식의 산 마르코 성당에서는 황금빛으로 장식된 모자이크로 신의 위대함을 드러냈습니다. 서양 건축에서 빼놓을 수 없는 모자이크와 스테인드글라스는 빛이 색과 다르지 않다는 것을 직관적으로 보여줍니다. 서양에서 빛은 늘 색으로 변화되어 수용되었습니다. 서양이 우리보다 원색을 좋아하는 까닭입니다.

색이 형태만큼 중요해지다

이에 비해서 한옥은 기둥과 보만으로도 건물이 완성되는 뼈대집입니다. 그래서 방 안으로 빛을 들이는 일이 어렵지 않았습니다. 그래서 우리는 직사광선보다는 간접광선을 선호했습니다. 그런데 간접광선에서는 색보다 물건의 질감이 더 잘 드러납니다. 오히려 원색을 그늘에서 본다면 색이 좀 퉤퉤해지죠. 그래서 우리는 직사광선에서 제 가치를 다 드러내는 원색보다 간접광선에서 더 빛을 발하는 물성에 관심을 가졌고, 당연히 물성 자체의 색인 바탕색을 선호했습니다. 여기서 우리가 하나 더 짚고 넘어 갈 것은 우리가 바탕색을 좋아한 데에는 비대칭 디자인을 선호한 것과도 일정한 관계가 있다는 점입니다. 서양은 비례를 통해 안정된 형태를 만들면서, 색이 균형을 위해 할 일이 많지 않았습니다. 그러나 비대칭적인 형태에서 바탕색(질감)은 전체적으로 안정감을 확보하는 데 중요한 구실을 했습니다. 그래서 역설적이지만, 우리 디자인에서 색은 서양보다 중요했습니다. 즉 한옥에서 디자인은 형태에 색을 더하는 것이 아니라 형태와 색을 동시에 고려해야 했기 때문입니다. 원색을 바탕으로 한 단청을 살림집에 하지 않았다는 점도 이를 뒷받침합니다. 살림집에 단청을 하지 않은 이유를 가사규제로만 접근하는 이도 있는데 이는 바람직하지 않습니다. 창덕궁에 지은 살림집이 두 개 있지만, 모두 단청을 하지 않았습니다. 이를 단순히 왕이 검소하기 때문이라고 보는 것은 한계가 있습니다. 차라리 궁궐에 단청을 한 것은 권위건물의 전통이기 때문이라고 하는 것은 어떨까요? 조선후기에는 꼭 해야 하는 권위건축에만 단청을 하고, 그렇지 않은 곳에는 일부러 안했다고 볼 수 있습니다. 남쪽 지방의 규모가 큰 전통한옥에 굴뚝이 없는 경우가 왕왕 있습니다. 그런데 이를 엉뚱하게 해석하여 '인간의 선의'를 훔치려 합니다. 옛날 집주인이 가난한 사람들이 밥 짓는 연기를 보면 마음이 아플까봐 그랬다고 주장합니다. 이것만큼 어처구니없는 설명도 없습니다. 남쪽에 굴뚝이 없는 것은 가난한 민가에서도 보이는 일반적인 현상입니다. 그래서 전통건축에 대한 인문적인 해석을 할 때에 좀더 신중한 접근이 필요합니다. 창덕궁의 살림집에 단청을 하지 않은 까닭은 결국 물성을 중시하는 우리의 미적 가치가 왕이 사는 궁전까지 일반화되었다고 보는 것이 낫습니다. 그리하여 우리에게 색은 기능적인 요소도 강했습니다. 즉 비대칭에 안정감을 주는 것이 바로 바탕색이었다는 것이지요. 현대 디자인에서 색의 중요성이 커진다는 점을 생각하면, 질감으로서의 바탕색을 밀도 있게 연구할 필요가 있습니다. 이는 패키지 디자인이나 비대칭 디자인과 함께 우리가 선취한 디자인 특징일 수 있습니다.

02
자연 밖으로

세일즈 정신의 미학

생명에서 재산으로

유럽이 아프리카와 아메리카 그리고 아시아까지 점령하면서 인류는 일찍이 겪어보지 못한 시대로 접어듭니다. 유럽은 전 세계를 하나의 소비시장으로 통합해 버리는데, 상업적인 이익보다 명분을 중시하던 유학의 대륙, 아시아는 매우 곤혹스러운 상황에 빠지고 맙니다. 당시의 여파는 아직까지 우리 내부에 남아 있습니다. 아시아처럼 통일된 문화가 없던 아메리카와 아프리카는 민족적 재앙이 되고 말았습니다. 아프리카는 아직도 그 충격의 여파 안에서 지지부진하고, 특히 아메리카의 인디언은 거의 멸종 지경에 이르렀습니다. 이런 급격한 문화 충격은 디자인에도 큰 영향을 미치면서 기존의 디자인에 대한 패러다임을 송두리째 바꾸고 말았습니다. 많은 사람들이 '기능'을 중시하는 디자인의 시작을 독일공작연맹이나 바우하우스로 보고 있습니다. 그러나 우리가 앞에서 본 것처럼 근대 이전에도 디자인은 계속해서 있었습니다. 오히려 기능 중심의 디자인은 인류의 영역을 넘어서 생명의지를 갖고 있던 모든 생명에서 보편적으로 보이는 현상이었습니다. 따라서 기능이라는 관점에서 디자인은 굳이 모던을 구분해서 취급할 필요가 없습니다. 오히려 대공황 이후 나타난 산업디자인과 금융자본주의(신자유주의) 하의 새로운 형태의 디자인을 이해하는 일이 중요합니다.

디자인, 필요에서 판매로

산업화가 진행되면서 디자인이 본연의 성격을 버리고 새로운 패러다임을 보여준 시기는 1930~40년대입니다. 1930년대 미국은 일찍이 없던 대공황 속에서 경제 위기를 벗어나기 위해 몸부림치던 때였습니다. 이때 케인즈는 경제를 부양하기 위한 방법을 공급(생산)이 아닌 수요(소비) 쪽에서 찾게 됩니다. 그러니까 이전 경제학에서는 제품을 생산하면, 팔린다는 개념이었습니다. 공급이 많으면 가격이 내려서 팔리고 공급이 모자라면 가격이 올라서 다 판다는 개념이었습니다. 이처럼 수요공급 법칙에 의해 제품의 가격이 오르거나 내릴 수는 있지만, 전면적인 불황이 발생하리라고는 꿈에도 생각하지 않았던 것이지요. 그러나 1929년 미국에 들이닥친 대공황은 미국경제를 뿌리째 흔들며 이런 생각이 잘못되었을 수 있음을 알려주었습니다. 1933년 3월에 대통령으로 취임한 루스벨트는 미국 내에서 경제 재건을 최우선과제로 삼아 경제의 모든 부문에 걸쳐 적극적으로 공황대책을 강구했습니다. 뉴딜 정책은 이런 과정에서 나왔습니다. 수요를 늘리면, 즉 소비자로 하여금 상품을 많이 사게 하면, 생산된 제품의 재고가 줄게 되고 이것이 새로운 생산으로 이어져 경제의 계속성을 확보할 수 있다는 케인즈의 경제이론을 바탕에 깔고 있습니다. 그래서 구매력이 중요하게 되었는데, 이 정책이 성공하기 위해서는 국민들의 소득을 늘려서 그들이 실제 무언가를 살 수 있게 해주는 것이 가장 중요했습니다. 그래서 루즈벨트는 실업자를 위한 대규모 공공사업을 시행했고, 이 사업을 통해서 실업자들에게는 소득이 발생했습니다. 이 소득은 그대로 구매로 이어져서, 기업의 창고에 있던 상품이 팔려나갑니다. 이것이 다시 생산으로 이어지면서 미국의 대공황이 수습되었습니다.

이는 산업현장에서 디자인의 위상에도 큰 변화를 가져옵니다. 산업디자인이 출현한 것입니다. 레이먼드 로위Raymond loewy와 함께 미국 디자인 분야의 리더였던 노만 벨 게데스Normal bel geddes(1893~1958)가 1934년 《수평선》이라는 책을 쓴 것은 우연이 아니었습니다. 그는 디자인이 상업과 밀접한 관련이 있음을 천명했습니다. 그래서 디자인은 단순한 기능이나 드로잉이 아니며 아이디어의 문제라는 새로운 관점을 세상에 제시했습니다. 이후 미국에서 산업디자인의 성격은 그 이전과 달라집니다. 디자인을 포장지 개념으로 생각하게 된 것이지요. 기술 혁신 없이, 똑같은 제품의 포장을 바꾸어 판매한다는 생각입니다. 이런 새로운 사고는 수요가 공급을 좌우한다는 케인즈 경제학이 디자인에 미친 영향입니다. 새로운 상품은 기술혁신에 의존한다는 이전의 개념을 뿌리째 바꾸어버린 것이기도 합니다. 이를 성공적으로 수행하고 전설이 된 사람이 레이먼드 로위입니다. 프랑스의 육군 대위였던 그는 무일푼으로 미국에 들어가서 디자이너로 대성공을 거둡니다. 그가 1927년 개인 사무실을 내고 사업을 시작한 일을 두고 미국의 한 잡지에서는 미국을 만든 100대 사건에 포함시키기도 했습니다. 레이먼드 로위는 시대의 변화상을 정확하게 짚어내 디자인이 수요자의 필요가 아니라 제품을 공급하는 판매자의 의뢰에서 출발한다는 점을 잘 파악하고 있었습니다. 즉 그는 디자인의 가치는 디자인을 통해서 매출이 증가하는 데 있다고 주장합니다. 그는 디자인의 목표는 판매에 있다고 정확하게 선언합니다. 1945년 12월 19일자 타임지에 실린 '인더스트리얼 디자인-세일즈 정신의 미학-미국적 견해'라는 글에서 이를 명확히 합니다. 열화당에서 출간한 《산업디자인의 역사》에서 일부를 인용합니다.

> (…) 내가 경영하는 디자인 회사의 경우, 75개 이상의 대기업들이 우리들의 도움을 받아 1946년 당시 2억 파운드 상당에 해당하는 제품을 생산할 계획이다. 이들 회사가 갖고 있는 미학의 개념은 계속 증가하는 아름다운 판매고의 곡선을 의미한다. (…)

당시 디자인 분야에서 그의 위상은 상상할 수 없을 정도로 컸습니다. 그러니까 1940~50년대 미국인은 대부분 로위가 디자인한 상품에 둘러싸여 살았습니다. 인류의 디자인 개념은 이 지점을 지나면서 근본적으로 바뀌었습니다. 디자인이 수요자의 필요에 부응하기보다 판매 자체를 위해 필요한 것이 되었습니다. 사람들은 더 이상 생활 속 경험이 낳은 디자인을 구입하는 것이 아니라, 정책이나 자본의 선택에 의해서 결정된 디자인을 구매하기 시작했습니다. 여기서 더 나아가서는 적극적인 광고를 통해 '소비'만을 위해 고안된 디자인을 구입하는 혁명적 변화를 겪게 됩니다.

디자인의 과잉과 오르가즘

생산이 소비를 초과하면서 벌어진 대공황은 앞에서 본 것처럼 디자인의 성격을 근본적으로 바꾸어버렸습니다. 디자인의 성격이 변하면서 현대사회는 또 다른 문제에 봉착하고 있습니다. 이번에는 상품이 아니라 디자인에서 공급과잉이 발생한 것입니다. 그 이전의 디자인은 상품에 종속되어 있었기 때문에 디자인만이 별도로 공급과잉이 벌어질 일이 없었습니다. 말하자면, 필요에 의한 디자인은 공급자와 수요자의 '기능적 필요'라는 균형을 기반으로 합니다. 그래서 제품과 디자인이 별개로 구분되는 게 아니었습니다. 그러나 이제 사람들이 필요 이상으로 물품을 구입하면서, 디자인 자체만을 소비 대상으로 하는 일이 벌어집니다. 그런데 이렇게 되면 디자인 공급자와 수요자 간에 원하는 디자인 총량을 일치시키기가 어렵습니다. 즉 필요에 의해서만 제품을 사는 사람은 어쩔 수 없이 제품에 포함된 디자인 비용을 초과해서 지불해야 합니다. 결국 디자인을 초과해서 구입하는 거죠. 이 부분이 과잉 디자인입니다. 디자인 과잉이 일상화되면서 디자인이 늘 과소비되는 상황에 처한 게 오늘의 현실입니다. 문제는 초과 공급된 디자인이 과거의 상품 재고처럼 공급자(기업)의 창고에 남는 것이 아니라, 적지 않은 부분이 수요자(소비자)에게로 넘어간다는 점입니다. 왜냐하면 소비자는 초과 디자인을 이미 구매해서 냉장고나 옷장 속에 넣어 두었기 때문입니다. 이를 비용 면에서 이야기하면, 디자인 비용을 통해 생산원가가 부풀려져 소비자에게 넘어가기 때문에 상품의 재고가 공급자의 창고가 아니라 소비자의 창고에 쌓이는 상황이 발생한 것이지요. 이를 식으로 나타내면 다음과 같습니다.

과거의 제품 가격 = 제품원가(+ 필요디자인 비용) + 이윤

현재의 제품 가격 = 제품원가(+ 필요디자인 비용) + 과잉디자인 비용 + 이윤

상황이 이렇게 되니까 이제 기업들은 그전과 다른 행태를 보입니다. 제품 재고를 디자인 재고로 전환시키려고 노력합니다. 이를 위해서 기업들은 소비자의 욕구(여기서 말하는 '욕구 또는 니즈'는 기능을 뜻하는 필요보다 넓은 의미로 기호 등 기능 이외의 것을 포함합니다. 그래서 기능에 대한

수요인 필요와 기능 이상의 수요를 의미하는 '욕구 또는 니즈'를 구분해서 씁니다.)를 파악하기 위한 소통을 강조합니다. 소위 빅데이터라는 것은 이런 노력의 결과입니다. 빅데이터는 여러분이 편의점을 이용할 때 체크되는 정보의 총량입니다. 그러니까 여러분이 어떤 시간에 어떤 물건을 사는지, 편의점의 단말기에 체크됩니다. 구매하는 사람의 연령대를 확인해야만, 돈 통이 열리게 되어 있기 때문에 여러분의 구매정보가 대기업의 컴퓨터에 다 저장 되고, 이것이 모여 시장정보가 됩니다. 이 정도가 된다면, 기업은 소비자가 무엇을 원하는지 정확하게 파악할 수 있습니다. 개인만 구체화되면, 그 사람의 생리주기까지 그대로 입력되는 거죠.

그러나 문제는 이런 데이터를 건전하게 사용하기가 힘들다는 점입니다. 기업은 고객이 필요한 것 이상으로 팔기 위해서 디자인 전략을 쓰기 때문입니다. 하와의 욕망을 들여다보고 선악과를 먹인 뱀처럼, 디자인을 공급하는 입장에서는 어떻게 하든 선악과를 먹이려고 하는 거죠. 그래서 기업이나 기업을 위해 일하는 디자이너는 타인의 욕망을 부채질 하는 악마의 속성에 빠지게 됩니다. 필요를 원칙으로 하던 디자인이 이제 그 이상의 욕망을 담게 되면서 생긴 현상입니다. 현대 사회에서 디자인은 늘 필요 이상입니다. 이 과잉 부분에 대한 해석이 문화의 영역으로 남아 논쟁을 일으키기도 합니다. 어떤 이들은 이것을 예술이라고 하고 어떤 이들은 이 부분을 기호라고도 합니다. 그러나 하와의 욕망을 알아낸 뱀의 입장이라면, 이 과잉 부분은 야바위가 되기 십상입니다. 변기에 프라다 상표를 붙여 판매하는 상황은 자연 상태에서 디자인의 의미가 어떻게 변질되고 있는지 적나라하게 보여주고 있습니다. 좌파라고 하면 이 영역을 착취라고 말하고 싶겠지만, 여기에는 착취를 전제하는 노동자와 자본가의 관계가 애초에 존재하지 않습니다. 이것은 생산자와 소비자 간에 나타나는 새로운 형태의 착취로 설명할 가능성을 열어둡니다. 그리고 착취의 매개가 디자인이 되는 거죠. 그런데 착취를 당하는 소비자의 표정이 오르가즘을 담고 있기 때문에 당혹스럽습니다.

디자인, 필요에서 기호로

디자인 쪽에서 보면 좀 특별한 미술 유파가 있습니다. 그들은 한 쪽에서 다른 쪽으로 옮겨다 주는 '다리'의 기능이 마음에 들어서 자신들을 '다리'파라고 선언했습니다. '다리'가 니체가 쓴《차라투스트라는 이렇게 말했다》에서 나온 것으로 이야기합니다. 그 내용을 진중권 씨의 책에서 다리파의 말을 옮기면 이렇습니다. '인간에게서 훌륭한 점은 그가 다리이지 목표가 아니라는 것이다.' 그런데, 이 표현은 아무리 생각해도 예술보다는 디자인에 맞는 콘셉트입니다. 디자인의 애초 운명은 목적이 될 수 없다는 데에 있으니까요. 그래서 그런 걸까요? 당시 다리파의 작품에서는 최근 패키지 디자인의 이미지가 많이 보입니다.

목적이 아니라 수단이 될 수밖에 없는 디자인의 운명은 현대에 들어오면서 전기를 맞습니다. 신자유주의가 맹위를 떨치는 지금 디자인의 과잉은 대개 기호嗜好로 해석됩니다. 즉 개인의 취향에 맞추어 소비를 하다 보니 불가피하게 디자인 과잉이 생길 수밖에 없게 된 것입니다. 그러나 현재 소비시장에서 디자인 과잉은 다시 한 번 큰 변화를 겪고 있습니다. 디자인에서 필요가 사라지면서 오로지 '과잉'만을 소비하는 상황이 발생합니다. 즉 필요의 초과부분만을 소비하는 상황인데, 이는 디자인의 근간인 기능을 포기하는 것으로 디자인의 본질 자체가 바뀌었음을 보여줍니다. 디자인이 이전과는 전혀 다른 단계에 들어선 것입니다. 즉 디자인이라고 우리가 똑같이 쓰지만, 사실은 전혀 다른 내용을 이야기한다는 뜻이지요. 르페브르는 그의 책《현대세계의 일상성》(기파랑)에서 이 점을 정확하게 짚어냈습니다. '최고의 소비는 단지 재화의 기호만을 목표로 삼기 때문에, 기호로 의미 없는 재화라면 재화로서도 의미가 없다.' 그리하여 과거 디자인은 정확하게 어떤 내용을 담아야 한다고 특정됐지만, 오늘날 디자인에서는 꼭 어떤 내용을 담아야 한다는 일대일 관계가 없어집니다. 예를 들어서 손이 시릴 때 쓰는 장갑의 형태는 장갑에 유용한 것이지 다른 데에는 쓸모가 없는 디자인입니다. 그런데 지금은 장갑형태의 디자인에 라디오를 넣어도 되는 것이지요. 그래서 하나의 디자인이 아무거나 다 담을 수 있게 된 것입니다. 그것은 '기능'과 디자인과의 인과관계가 사라지면서 당연하게 일어난 일입니다. 디자인이 이처럼 변할 것이라는 것은 패키지 디자인이 나오면서부터 이미 예견할 수 있었던 것입니다. 현대 디자인에서 패키지 디자인은 왕좌의 자리를 차지하고 있습니다. 패키지 디자인은 매우 중요하므로 뒤에 다시 장을 독립시켜 보기로 하지요.

베르그송의 의견에 따르면, 인간은 무엇이든 대상화시킵니다. 디자인 역시 대상화하고 있습니다. 과거 인간은 자연 안에서 살았지만, 이제 인간은 인공적인 디자인 속에서 살고 있습니다. 자연이 아닌 도시 속에서 살면서 벌어진 현상입니다. 그 결과 자연에서의 생존 도구였던 디자인이 도시에서 살아남기 위한 도구로 변질되었습니다. 즉 자연(의 대상)과 인간의 관계에서 출발한 디자인이 이제는 인간과 인간의 관계를 지향하는 단계로 전환된 것입니다. 그런데, 우리는 지성을 통해 대상을 도구화하면서 '인간과 인간의 관계' 자체를 대상화하고 있습니다. 인간관계를 대상화한다는 것은 결국 인간의 마음까지 대상화한다는 의미가 됩니다.

뱀이 된 스티브 잡스

우리 사회의 디자인은 이런 식으로 결정이 납니다. 기업은 대중의 기호를 파악하여 대중에게 디자인을 맞춥니다. 그런데 웬걸? 대중은 자신이 주체적으로 디자인을 선택하기보다는 사회가 설정한 상황에 자신을 맞추게 됩니다. 설정된 상황이란 미디어와 대규모 광고를 통해서 만들어진 상황입니다. 이는 미디어 자체가 메시지가 되기 때문입니다. 광고가 흘러넘치는 세상에 살면서 나는 광고에 관심이 없다는 주장을 하는 것은 난센스입니다. '기술의 효과는 견해나 개념의 차원에서 사람을 변화시키는 것이 아니라, 사람들이 저항할 수 없게 아주 서서히 사람들의 감각과 지각 패턴을 변화시킨다.' 이 말은 마셜 맥루언이 그의 책 《미디어의 이해》(민음사)에서 한 말입니다. 그래서 디자인을 매개로 대중과 기업이 원환을 이루고 꼬리를 무는 상황이 발생합니다. 발터 벤야민은 이를 매우 정확하게 짚어냅니다. 그는 기술복제시대의 예술작품에서 '현실이 대중에 맞추고 다시 대중이 현실에 맞추는 현상은 사고의 면에서는 물론이고 직관(여기서 직관은 베르그송의 직관과 달리 현상 또는 지각으로 봐야 합니다. 그래서 맥루언이 말한 감각이나 지각패턴과 비슷하게 읽힐 수 있습니다)의 면에서도 무한한 중요성을 지니게 될 하나의 발전과정이다.'라고 이야기합니다. 우리 시대의 디자인이 우리에게 작동하는 현실을 잘 표현한 말입니다. 우리가 처한 상황은 '생활에서 기호로' 이동한 디자인이 다시 '기호에서 권력으로'로 이동하는 형국입니다. 이제 디자인이 단순히 기능에 종속되지 않으면서, 디자인은 시각 이상의 촉각적인 것을 원하게 됩니다. 촉각적이라는 것은 두 방향에서 접근할 수 있습니다. 하나는 디자인 자체에서의 촉각적인 성질이고 하나는 사회적 관점에서 볼 수 있는 촉각입니다. 첫 번째 디자인 자체의 촉각은 디자인의 역할 변화와 긴밀한 관계가 있습니다. 과거 디자인에서 중요한 기능은 일차적으로 용도에 적합함을 의미합니다. 그리고 이를 보는 시각적인 관점이 중요합니다. 그러나 디자인이 기호화된 오늘날 디자인의 기능은 미적인 것과 함께 촉각적인 안온함을 요구합니다. 촉각이라는 단지 손으로 느껴지는 것이 아니라 좀 더 존재론적인 촉각을 의미합니다. 우리 몸을 에워싸고 있는 촉각 속에서 우리는 살아가는 거죠. 강아지도 자신을 편안하게 하는 촉각을 느낄 수 있는 곳, 포근한 곳을 찾아가 눕습니다. 디자인이 어느새 생존이 아니라 개인의 행복과 매우 밀접한 관계에 놓였음을 의미합니다. 그리고 두 번째 촉각 그러니까 사회적 의미의 촉각은 바로 이 지점에서 출발합니다. 미적인 기능은 쉽게 사회적 기능으로 전이됩니다. 누군가 내가 사용하는 제품을 보고 나를 더 나은 사람으로 더 권위 있는 사람으로 생각하기를 바라게 되는 것이지요. 디자인이 인간과 인간의 관계 즉 사람의 마음까지 대상으로 하는 것이지요. 즉 무언가를 지배하는 감정인데, 누군가를 지배하는 감정은 아마도 가장 촉각적인 감정 중 하나일 것입니다. 여기서 촉각 역시 존재론적인 것입니다. 프랜시스 베이컨의 그림에서 볼 수 있는 그런 것이지요. 그의 그림에서 인간은 고기덩어리가 되어 보는 사람에게 뇌를 통하지 않고 직접 신경에 자극을 주게 합니다. 이런 촉각적인 존재, 폭력 섹스 뭐 이런 것이 지배와 긴밀하게 이어져 있으니까요. 아무려나 디자인의 변화라는 관점에서 보면 우리 시대 디자인은 이탈리아에서 처음 현대적인 예술이 출발하던 당시와 비슷합니다. 당시 메디치 가문은 예술을 통해서 자신의 권위를 확장하기 위해서 화가를 끌어 모았고, 이것이 현대적인 미술의 출발점이 되었으니까요. 우리는 그렇게 디자인을 수집합니다.

디자인이 기호화 촉각화 되면서 디자인은 두 가지 방향으로 권력화 합니다. 하나는 디자인에서 본질이 사라지면서 내용이 빠진 껍질(기표)만 남게 됩니다. 결국 생존에 필요했던 디자인이 이제는 결코 채울 수 없는 욕망의 기표가 되어버린 것이지요. 자크 라캉에 의하면 욕망은 채워질 수 없는 것으로 끊임없이 대상을 만들어 채워나가지만 추구하는 대상만 바뀔 뿐 결코 채울 수 없는 것입니다. 어쩌다 보니, 수요 촉진의 형태로 시작한 패키지 디자인은 이제 기표로 작동하게 되었습니다. 내용은 어차피 우리의 욕망을 충족시키지 못하면서, 계속 패키지 디자인만 바뀌면서 새 차가 나오고, 새 휴대전화가 나오고 새 옷이 나옵니다. 소비자는 새로운 디자인을 소비하지만, 소비자가 추구하는 욕망은 결코 채울 수 없게 됩니다. 이는 디자인의 변화가 이제 그 끝에 이르고 있음을 보여줍니다. 디자인이 기호화되면서 디자인은 브랜드 밑에 둥지를 틉니다. 기호가 디자인과 브랜드를 엮어주는 다리가 되는 셈이지요. 이제 디자인은 이름으로 고착됩니다. 광고와 디자인이 매우 가까운 자리에 차지한 것은 아마도 이런 이유 때문일 것입니다. 셋의 관계를 기호로 나타내면 다음과 같습니다.

디자인 - (기호) - 브랜드 - (자본) - 광고

노스패이스 패딩이 한때 사회를 시끄럽게 했습니다. 이런 사례가 정확히 여기에 해당합니다. 광고, 브랜드, 디자인이 정확하게 한 몸을 이룬 것이지요. 디자인은 더 이상 자연의 생명들이 만들어내는 생명 현

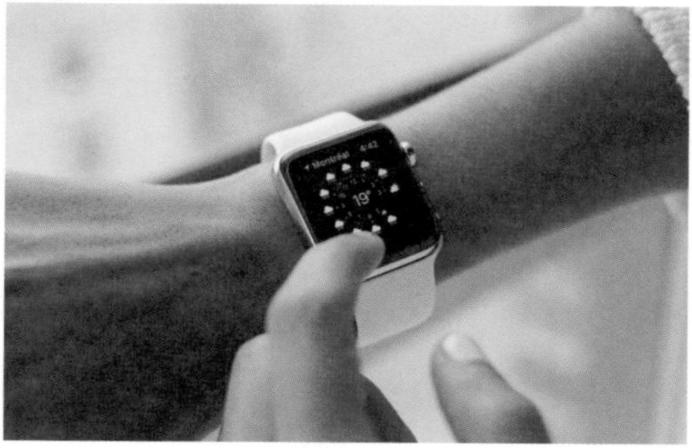

애플워치

상이 아니게 된 것입니다. 사용자가 소비하는 브랜드가 소비자의 정체성과 이어지면서 소비주체는 소비를 통해 자아를 확인하는 단계에 진입하고, 이제 디자인의 본질은 완전히 역전됩니다. 생명에 종속되었던 디자인이 이제 생명(인간)을 종속시키는 상태가 벌어진 것이지요. 이는 디자인 자체에 윤리성이 있음을 강력하게 암시합니다.

스티브 잡스Steven Paul Jobs, Steve Jobs(1955~2011년)는 광고를 매우 중시했습니다. 그는 근대로 넘어오면서 변한 디자인의 성질을 매우 잘 이해하고 있던 사람입니다. 《미친 듯이 심플》이라는 책을 쓴 켄 시걸Ken Segall은 잡스가 운영하던 회사의 마케팅 책임자였습니다. 잡스는 디자인 회의와 마케팅 회의에 열광적으로 참여했다고 합니다. 잡스는 결코 이 권력을 남에게 넘겨주지 않았던 것으로 보입니다. 그는 디자인에 인터페이스 기능을 적극적으로 넣습니다. 제품을 통해서 소비자들에게 어떤 메시지를 줄 것인지, 소비자가 볼 때 제품이 어떻게 보일지 어떻게 느낄지. 그리하여 그 디자인을 통하여 소비자를 브랜드에 어떻게 잡아둘지 매우 세심하게 준비했습니다. 물론 광고도 소홀히 하지 않았습니다. 잡스는 디자인의 원초적인 개념과 현대적인 개념을 매우 잘 이해한 사람이었습니다. 우리는 밤을 새며 아이폰과 아이패드를 기다리는 사람들을 흔하게 볼 수 있습니다. 그는 기술자나 CEO라기보다 선악과를 하와에게 건넨 뱀이었고, 이 시대의 위대한 디자이너였습니다.

차이의 반복이 사라진 디자인

애플이 삼성전자를 법정에 고소했습니다. 아이폰의 둥근 모서리 디자인을 삼성전자가 훔쳤다는 이유였습니다. 당시 천문학적인 액수를 걸고 진행되던 소송에 세계의 이목이 집중되었습니다. 이 사건은 디자인의 성격이 현대에 들어와 어떻게 바뀌었는지 보여주는 단적인 사례입니다. 구체적으로 내용을 보면, 너무 단순해서 이것이 과연 소송 대상이 되는지 의심스럽습니다. 삼성이 스마트폰을 출시하면서 스마트폰 모양을 직사각형으로 만들고 네 모서리를 둥글게 처리한 것. 스마트폰 앞면 아래쪽에 홈 버튼 하나를 배치하고 옆면에 볼륨 키 등 기능키를 배치한 것이 애플의 외관 디자인 특허를 침해했다는 것이 애플의 주장이었습니다. 애플은 이 두 가지가 애플의 고유 디자인 특허라고 주장했고, 이 침해에 대한 손해배상 청구액이 10억 달러를 넘었습니다. 필요한 기능을 담아내는 디자인 본연의 성격이 바뀌면서, 디자인의 속성인 차이의 반복이 차단된 것입니다. 지금까지의 디자인 역사에서는 좋은 디자인은 늘 반복해서 생산되었고, 원형으로서 끊임없는 차이를 만들어 왔지만, 이제 그것은 옛날이야기가 되었습니다. 디자인이 어느 순간 생활에서 재산으로 그리고 다시 권력으로 자리를 바꾸면서 일어난 일입니다.

권력의 형태를 자극적으로 확인해볼 수 있는 디자인 영역이 바로 '약자를 위한 디자인'입니다. 역설적이지만, 사회적 약자를 위한 디자인이라는 개념은 디자인의 본질이 변하면서 나온 개념입니다. 소위 '나머지 90%를 위한 디자인'은 이 시대 디자인의 불행한 단면입니다. 지구에 발을 딛고 사는 인구의 90%가 산업디자인에서 소외되어 있다는 말이기도 하니까요. 디자인을 위한 재료와 아이디어가 독점되면서 벌어진 일입니다. 소위 '재능 기부'만으로 이 문제를 해결할 수 있을지는 의문입니다. 특히 우리나라에서는 재능기부조차 착취의 형태를 띠어 가면서 가난한 자의 재능으로 가난한 자를 돕는 이상한 상황이 발생하기도 합니다.

디자인 자연에서 나와 문화로 들어가다

지성에서 본능으로

디자인 자체로

처음 출현했을 때 화폐는 단지 교환을 위한 수단이었습니다. 그런데 어느 순간 화폐 자체가 가치를 갖게 되었고, 교환이 화폐를 위해 존재하게 되었습니다. 디자인에서도 비슷한 상황이 감지됩니다. 디자인은 원래 생활을 위해 필요한 것이었지만, 이제는 디자인을 위해 생활하는 상황을 목격하는 일이 어렵지 않습니다. 새로운 디자인을 입고 나온 제품을 사람들은 끊임없이 구매합니다. 디자인을 위해서 필요를 만들어내는 상황입니다. 디자인을 구매하기 위해 우리는 돈을 법니다. 저는 글을 쓰기 위해 이따금 사진을 찍습니다. 그런데 사진을 찍는 분들 중에는 사진 찍기보다 새 사진기 구입에 더 관심을 갖는 분도 있습니다. 사진기에 미세한 차이가 있을 뿐이지만, 우리는 새롭게 나온 디자인에 관심을 갖는 거죠. 정확하게 그런 상황입니다. 맥루언은 17세기 '화폐'가 일본에 미친 영향을 인쇄가 서양에 미친 영향과 같다고 이야기 합니다. 사람들이 화폐를 통해서 감각 생활을 확장시키기 때문에 사람들의 감각 생활을 재편할 수 있었다는 주장입니다. 디자인을 생명의 도구로 생각하는 다른 생명과 달리 최근 우리는 디자인 자체를 추구합니다. 디자인 역시 화폐가 그랬던 것처럼 감각생활의 확장으로 작용하면서, 디자인 자체가 기표화 되었기 때문입니다. 인간을 호모 루덴스homo ludens, 유희적 인간이라고 하는 말은 매우 적절한 데, 이런 관점에서 보면 인간의 디자인에 어느 정도의 과잉은 불가피해 보입니다. 그러나 부수적이던 잉여에게 디자인이 모든 것을 내주면서, 기표가 된 디자인은 우리에게 윤리적인 문제를 돌아보게 합니다. 이것이 현대 디자인이 마주선 우울이며 도전입니다.

성형의 미학

체조선수 양학선을 우리는 '도마의 신'이라고 부릅니다. 그는 광주체고 3학년 때 광저우 아시안게임에서 금메달을 땁니다. 이 대회를 기점으로 그는 국제 경기에 참여할 때마다 승자가 됩니다. 단 한 번도 남에게 지지 않았다고 합니다. 올해 2014 인천 아시안게임에서 처음 2등을 하고 중얼거렸다나요. '2등이 이렇게 씁쓸하다는 것을 처음 알았다.' 그의 몸 비틀기는 타의 추종을 불허합니다. 도움닫기를 해서 도마를 치고 뛰어오르며 비틀어대는 연기를 따라올 사람이 없는 것이지요. 그는 가벼운 몸과 단단한 근육, 그리고 부단한 노력으로 자신의 몸뚱이를 도마에 최적화시켰습니다. 이는 다른 생명이 자신의 몸을 디자인하는 방법을 연상시킵니다. 최근 우리에게 익숙해진 성형수술도 비슷한 부분이 있습니다. 인간과 달리 다른 생명은 스스로의 몸을 디자인하여 자연에서 살아남았습니다. 이에 비해 인간은 자기 몸을 디자인하기보다 도구를 디자인하여 살아남았다는 것이 베르그송의 창조적 진화가 제시하는 탁월한 견해입니다. 그런 관점에서 보면 요즘 유행하는 성형수술은 매우 특별하게 느껴집니다. 어느 순간부터 우리는 다른 생명이 그런 것처럼 스스로를 디자인하여 육화肉化시키기 시작했습니다. 얼굴을 성형하고, 가슴을 성형하고, 다리를 성형합니다. 한때는 여인들만 그러더니 요즘은 사내들도 그럽니다. 한때는 젊은이만 그러더니 이제는 늙은이도 그럽니다. 이는 디자인 관점에서 보면 지성에서 본능으로의 회귀라고 생각할 수 있을 것 같습니다. 인류는 지금까지 꾸준히 지성을 통한 진화를 해왔지만, 한쪽에서는 여전히 본능에 따른 진화를 버릴 수 없었던 모양입니다. 우리가 성형에 매달리는 이유가 늘 위험한 자연 속의 짐승처럼 스스로 몸을 디자인하여 살아남지 않으면 안 될 정도로 우리 사회가 험악해져서 그런 것은 아닐까하는 생각이 듭니다. 어쩌면 우리의 삶이 짐승의 삶처럼 척박해진 것인지도 모릅니다. 인간에게 도시는 과거 자연만큼이나 익숙하지만 또 그만큼 위험한 곳이 되었으니까요.

유전공학이 유전자 오염 문제를 야기하고 있습니다. 유전자 오염은 유전자 조작으로 변형된 작물이 자연에 유포되어 다른 생물에 형질 변화를 일으키는 현상을 말하는데, 어떤 상황이 발생할지 누구도 예측할 수 없다는 점에서 사람들에게 불안을 일으킵니다. 이는 디자인을 생활에서 재산으로 변질시킨 결과입니다. 인간이 대상을 도구화하는 지성을 발전시킨 것이 어쩌면 인간에게 독이 될 수도 있다는 점을 암시합니다. 지성을 발전시킨 인간은 자신의 위대함에 도취되어 있지만, 본능을 통해 자신을 진화시켜온 개미나 거미들보다 인간이 더 오래 생존할 수 있는지는 생각해 봐야 합니다. 핵전쟁이라도 벌어진다면, 결국 지구상에 살아남는 것은 인간이 아니라 개미들일 것입니다. 이는 디자인이 윤리와 밀접한 관계가 있음을 보여줍니다. 디자인이 기호가 된 오늘날의 상황을 우리는 냉정히 통찰해야 합니다. 대상을 도구화하는 인간의 능력은 사람을 도구화하는 데 매우 익숙합니다. 한 발 더 나아가 자기 스스로를 도구화하여 살아가려는 성형수술은 디자인에 대해 좀 더 깊은 사유를 요구하고 있습니다.

디자인, 삶을 규정하다

우리는 필요한 것을 디자인을 통해서 취해왔습니다. 때로는 적극적으로 자신을 표현할 수 있다는 점에서 디자인을 기호학에서 이야기하는 기호記號로 해석한다면, 디자인은 매우 다양한 표정을 가질 수 있습니다. 내가 외롭다는 의미를 표현하기 위해 특정한 색이나 스타일의 옷을 입을 수 있는 것이지요. 이때 디자인은 자신을 표현하는 도구가 될 수 있습니다. 그러나 디자인이 우리 생활에 늘 긍정적으로만 작용하는 것은 아님도 알았습니다.

좀 더 생활에 가까운 디자인을 보기로 하지요. 디자인은 우리의 생활을 도와주기도 하지만, 우리 생활을 구속하기도 합니다. 거미는 주변 환경에서 살아남기 위해 스스로를 디자인합니다. 그러나 자신의 거미줄은 거미 자신을 옭아매서 거미는 늘 거미줄에서 먹이를 기다리는 처지가 됩니다. 아득한 꼭대기에 거미줄을 치고 걸려 있는 거미를 보면, 그게 무슨 천형처럼 느껴지기도 합니다. 아파트가 끝없이 올라간 그 끝에 매달린 사람을 보아도 비슷한 생각이 듭니다. 작고 크고의 차이는 있겠지만, 디자인은 어느 정도 우리를 구속합니다. 앞에서 우리 문화가 주거문화와 긴밀하게 이어져 있다는 점을 확인했습니다.

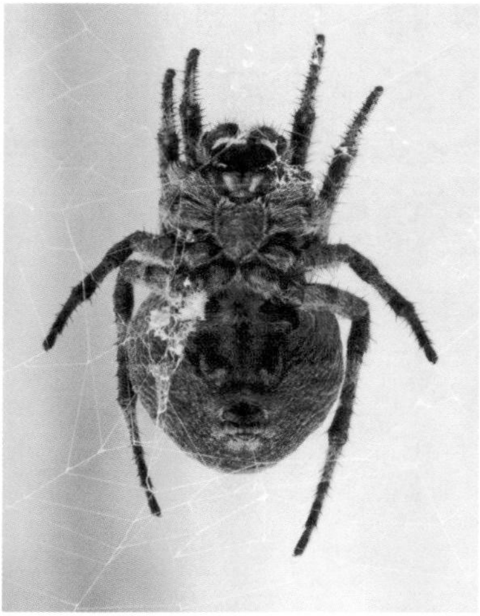

거미줄 위의 거미

생활에 영향을 주는 만큼 디자인은 우리 정신에도 영향을 줍니다. 마샬 맥루한은 미디어를 메시지로 정의했습니다. 그는 미디어가 명시적으로 개인에게 전달하는 정보와는 별개로 인간의 정신구조에도 영향을 주는 점에 눈길을 줍니다. 이때 방점을 찍는 부분은 미디어가 사람들에게 전해주는 내용이 아니라 미디어와 사람들이 만나는 상황입니다. 우리는 디자인에 대해서도 똑같이 말해야 하는 상황에 직면해 있습니다. 디자인은 이제 도처에서 우리를 포위하고 있어 이를 벗어날 수 없습니다. 디자인이 거대한 흐름으로 우리를 에워싸고 있습니다. 게다가 디자인이 기표가 되면서 디자인이 인간의 욕망을 선도하고 있습니다. 우리의 의식까지 거기에 종속되는 상황이 벌어지고 있는 거죠. 자연과 확연하게 구분된 도시 전체가 커다란 디자인의 흐름이 되었습니다. 우리는 거대한 디자인의 바다를 기표라는 조각배처럼 타고 흔들리는 존재가 되었습니다. 디자인에 의해 우리는 전혀 의도하지 않은 사유 환경에 놓일 수도 있게 된 것입니다. '디자인이 메시지다.' 한 마디로 디자인이 모든 것입니다.

지성에서 직관으로

다른 생명은 스스로를 디자인하기 때문에 디자인에서 시각적인 의미가 그다지 중요하지 않습니다. 자기가 자기를 볼 일이 없기 때문이지요. 그러나 인간은 디자인을 대상화하기 때문에 디자인의 시각적인 가치가 중요합니다. 이때 대상을 바라보는 시선은 언제나 타인의 시선을 동반합니다. 바로 이 지점에서 인간의 디자인은 독특해집니다. 여기에서 타인의 시선은 일차적으로 객관적인 가치를 의미하는데, 과거에는 이런 가치가 비교적 명백했습니다. 농기구 디자인의 가치는 농기구에 요청되는 필요에 의해 결정되었으니까요. 그런데, 오늘날 디자인에서는 객관적 가치가 그다지 명확하지 않습니다. 그것은 디자인이 필요에서 벗어났기 때문입니다. 과거에 객관적인 타인의 시선은 조작될 여지가 거의 없었습니다. '필요에 맞는가?'만이 중요했기 때문입니다. 오늘날 타인의 시선은 미디어에 의해 오염된 시선입니다. 타인들의 공통적인 시선인 한에서 여전히 객관적일 수는 있지만, 유행이라든가 기업의 이익이라든가 그런 것들에 의해서 오염된 결과물이라는 것이지요. 주관적이라고 할 수도 객관적이라고도 할 수 없는 시선입니다. 그래서 인간이 본다는 것은 자연적이기보다 문화적인 것이 됩니다. 이를 잘 지적한 사람이 존 버거입니다. 그는 《보는 방법Ways of seeing》이라는 자신의 책에서 우리가 풍경을 볼 때 우리는 그것에 몰입하지만, 예술 작품을 볼 때는 역사에 몰입하려고 한다고 적고 있습니다.When we 'see' a landscape, we situate ourselves in it. If we 'saw' the art of past, we would situate ourselves in history. p11

당연히 오늘날 디자인은 '풍경'이 아니라 '역사' 쪽입니다. 우리가 사는 시대의 유행이 바로 그 역사의 단면입니다. 여기서 타인의 시선을 권력으로 보는 것은 앞에서 기표나 권력으로서의 디자인에서 어느 정도 추측 가능한 부분이니 여기서는 중요하게 다루지 않습니다.

다이달로스의 교훈

유럽의 그리스 남쪽 크레타 섬에는 다이달로스라는 장인이 살고 있었습니다. 그는 보통 장인이 아니었습니다. 어쩌면 그는 모든 디자이너의 조상이기도 합니다. 당시 그는 자신의 재주 때문에 대접을 받으면서 잘 살고 있었습니다. 그러던 어느 날 크레타의 지배자인 미노스 왕의 호출을 받습니다. 그에게는 들어가면 아무도 나올 수 없는 미궁을 지으라는 명령이 떨어집니다. 미노스는 그곳에 미노타우로스를 가둘 생각이었습니다. 미노타우로스는 얼굴이 황소고 몸은 인간인 존재로, 미노스의 아내인 파시파에 왕비가 황소와 관계를 맺어 낳은 반인반수의 생명체입니다. 미노스는 다이달로스에게 명령을 내리면서 조건을 걸었습니다. 만약에 누구든 그곳에 들어갔다가 나오는 자가 있다면 다이달로스와 그의 아들 이카로스가 그곳에 갇힌다는 조건이었습니다. 아무리 왕이지만, 이건 너무 무례하고 무리한 요구입니다. 그러나 이렇게 무리한 조건을 다이달로스가 받아들여야 했던 데에는 그만한 까닭이 있었습니다. 미노스의 아내 파시파에가 소와 바람(?)을 피우는 과정에서 다이달로스가 중요한 역할을 했기 때문입니다. 이 일이 벌어지기 전에 미노스는 포세이돈에게 부탁해 소를 받았는데, 뒤에 그 소를 다시 포세이돈에게 제물로 받치겠다고 약속했습니다. 그러나 그는 그 소가 탐나서 다른 하찮은 소를 제물로 바칩니다. 포세이돈이 가만히 있을 리 없습니다. 포세이돈은 왕비를 사랑에 빠뜨립니다. 엉뚱하게도 왕비가 황소를 사랑하게 된 이유입니다. 어느 날 덜컥 왕비가 이 황소에게 욕정을 느낀 것입니다. 그리스 로마 신화가 다 그렇듯 적당한 선에서 멈추지를 못합니다. 그녀는 어떻게든 황소와 관계를 갖고 싶었습니다. 그런데 황소는 그녀를 거들떠보지도 않았습니다. 유난히 성욕이 강한 황소였지만, 사람을 범하지는 않았습니다. 그래서 암소가 아니면 자기 주변에는 얼씬도 하지 못하도록 사납게 굴었습니다. 그럴수록 애가 타는 것은 왕비였습니다. 그녀가 결국 도움을 청한 사람이 바로 다이달로스입니다. 그는 나무로 암소를 만들었는데, 황소가 속을 정도로 똑같이 만들었습니다. 암소의 사타구니에는 구멍을 뚫어놓아서, 왕비가 소와 관계를 가질 수 있게 배려(?)까지 했습니다. 그 안에 왕비가 들어가 다리를 벌리고 있는 동안 황소는 정말 암소로 생각하고 왕비와 관계를 맺었습니다. 그리고 여기서 태어난 존재가 미노타우로스입니다. 왕이 이미 그 전에 다이달로스를 죽이

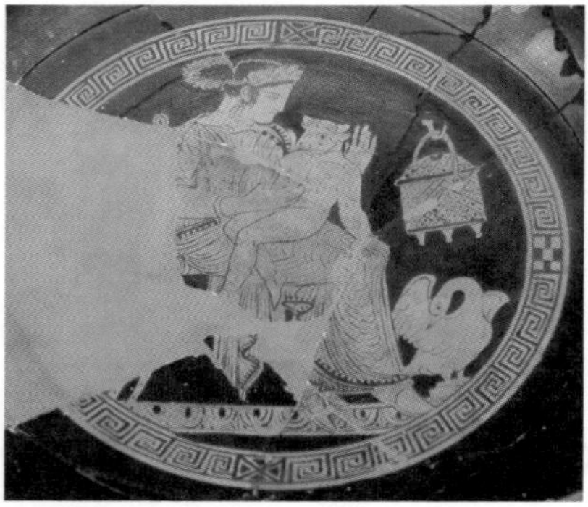

미노타우로스

지 않은 것만도 다행인 셈이지요. 죽을죄를 지은 다이달로스는 정말 아무도 나올 수 없는 미궁을 만들었습니다. 문제는 계속 이어집니다. 미노타우로스는 다른 소와 달리 풀이 아니라 사람을 잡아먹었는데, 이 먹잇감이 될 사람들을 아테네에서 공수해왔습니다. 이런 상황이 계속되자 아테네의 영웅 테세우스는 직접 미궁으로 들어가서 괴물을 잡기로 결심합니다. 마침내 그는 먹잇감을 자원해서 미궁으로 들어갔습니다. 그리고 미노타우로스를 죽이고 무사히 미궁 밖으로 돌아 나왔습니다. 들어갈 때 실의 한쪽 끝을 잡고 풀면서 들어가서 나올 때 그 실을 따라 나온 것이지요. 문제는 누군가 돌아 나오면 다이달로스가 미궁으로 들어가기로 한 약속입니다. 결국 다이달로스는 그의 아들 이카로스와 함께 미궁에 갇히고 말았습니다. 하지만, 완벽한 미궁에서 나오는 일은 다이달로스도 어려운 일이었습니다. 나간다고 살아날 가능성도 없었겠지만 말입니다. 그래서 그는 하늘로 날아오를 생각을 합니다. 다이달로스는 아들 이카로스와 자신의 몸에 부착할 날개를 만들기 시작했습니다. 큰 깃털은 실로 매고, 작은 깃털은 밀랍으로 붙여 날개를 완성했습니다. 이제 하늘을 날아오를 시간이 되었습니다.

"이카로스야, 너는 꼭 적당한 높이로 날아야 한다. 너무 낮게 날면 바다의 습기가 날개를 무겁게 할 것이고, 너무 높이 날면 태양의 열기가 날개의 밀납을 녹여버릴 거야. 그러니 너는 내가 날아가는 대로 그대로 나를 따라와야 해."

아버지는 다짐을 두고 아들을 벼랑 밑으로 밀었습니다. 아들이 날아오르자 그도 날아올라서 아들 앞으로 가서 날기 시작했습니다. 그런데 자신감이 붙은 이카로스는 아버지의 말을 어기고 더 높이 날기 시작했다. 앞장서서 가던 아버지는 이를 볼 수 없었습니다. 이카로스는 자신의 욕망을 자제하지 못하고 태양에 너무 가깝게 다가갔습니다. 결국 뜨거운 태양에 밀랍이 녹아내렸습니다. 깃털은 삽시간에 빠지고 아키로스는 바다로 곤두박질 쳐버렸습니다. 아버지는 그 순간 자기 재주를 한탄했다고 합니다.

다이달로스 신화는 디자인에 잠재된 위험을 잘 보여줍니다. 디자인은 사람에게 꼭 필요한 것입니다. 디자인이 없으면 사람이 살 수 없을 테니까요. 그러나 디자인에 욕망이 결부되면 얼마나 위험한 지 알려주는 이야기입니다. 디자인이 사람을 죽일 수도 있는 거죠. 다이달로스 신화가 우리에게 알려주는 교훈입니다. 디자인은 완벽할 수 없습니다. 그래서 우리는 디자인을 안전한 영역에서 다루어야 합니다. 그러나 이때 우리를 어렵게 하는 것은 다이달로스만 알고 있는 적당한 높이입니다. 그런데 이것은 지성으로 알 수 있는 영역이 아니라는 점에 문제가 있습니다. 어쩌면 이 부분이 직관의 영역일 수 있습니다. 앞에서 본 베르그송의 이야기를 다시 정리해보기로 하지요. 베르그송에게 지성은 본능에 대해서 상대적인 것일 뿐 절대적인 우월을 의미하지 않습니다. 본능과 지성은 기본적으로 도구에 대해 어떤 태도를 취할 것인지에서 출발합니다. 본능은 도구를 육화肉化합니다. 그런데 지성은 몸 밖의 다른 물질을 이용해서 도구를 만듭니다. 다른 생명은 몸에 육화된 디자인으로 직접 세상을 경험할 수 있지만, 인간은 몸 밖의 도구인 외부의 디자인을 통해 세상을 간접 경험합니다. 그러다보니 인간은 점점 도구에 의존하게 되는데, 이것이 지성의 역할입니다. 기계적이고 수학적일 수밖에 없습니다. 그래서 지성은 세상에서 만나는 모든 것을 도구로 만들 수 있는 물체로만 보게 됩니다. 무언가를 인식하려면 무기물인 고체로 환원하여 딱 고정해야 이해할 수 있습니다. 물을 흐름으로 인식하지 못하고, 우리는 한 컵 두 컵 하는 식으로 고체화해서 인식할 수밖에 없습니다. 그런데 생명은 흐름(지속)이기 때문에 도무지 우리 지성은 이 생명을 인식할 수 없습니다. 우리가 잠을 잔다고 죽는 건 아니니까요. 생명은 흐름일 수밖에 없습니다. 한 살 두 살 하는 것은 인간이 이 흐름을 고체화한 것이지요. 그래서 거꾸로 그에게 생명(흐름)을 인식하는 것은 지성이 아니라 오히려 본능입니다. 그는 지성은 형태 또는 형식〈고체〉을 본능은 질료〈흐름〉를 인식한다고 합니다. 베르그송이 지성을 넘어서는 직관을 이야기하는 까닭입니다. 그의 표현을 빌자면, 지성은 생명을 외부에서 분석하지만 직관은 내부로 스며듭니다. 또 직관은 생명의 방향 자체로 나아가고 지성은 그 반대 방향으로 나아갑니다. 직관은 생명 자체일수도 있습니다. 따라서 우리에게 직관은 매우 중요합니다. 직관은 지성을 통한 공부만 해서는 얻어질 수 있는 게 아니어서 어렵습니다. 본능은 자동적인 행위로 무의식을 전재로 하고, 직관은 의식을 전재로 하고 있습니다. 그래서 의미 있는 직관은 의식을 통해서 도달한다고 생각합니다. 그러나 본능과 지성을 잇는 개념으로 접근하면, 때로 직관은 타고난 본성의 도움을 받을 수도 있고, 지성의 끊임없는 노력을 통해서 얻어질 수도 있을 것입니다. 디자인은 그래서 생명을 이해하려고 노력하고, 생명을 존중하는 상태에서만이 진정한 힘을 발휘할 수 있습니다.

디자인에 정서를 불어넣다

생물학은 생명을 형성하는 디자인이 어떻게 만들어졌는지를 공부합니다. 디엔에이를 그리는 것이지요. 화학과 물리 역시 여기에서 멀지 않습니다. 목수는 나무의 디자인을 이해합니다. 그런 목수는 나이테의 모양이나, 나무결만으로도 나무의 움직임을 예상합니다. 그런 의미에서 디자인은 진리를 담고 있습니다. 동양철학에서 중요한 개념인 격물치지格物致知는 정확하게 여기에 닿아 있는 셈입니다. 인간 사회에서 디자인은 자연적인 특징 이외에 다양한 문화가 더해져서 훨씬 풍부한 디자인 DNA를 만들어냅니다. 디자인의 관점에서 볼 때 문화는 디자인이 '생존적인 필요'를 넘어서 상징을 담아내고 이 상징을 통해서 무언가 '자연의 생존적 필요 이상'을 전달하려고 시도할 때 시작됩니다. 그래서 그것이 인간의 디자인인 한에서 디자인과 예술의 거리는 그리 멀지 않습니다. 더구나 최근 디자인은 필요를 떨어버리고 디자인 자체만을 위해 만들어지기도 합니다. 디자인과 예술의 거리가 거의 소멸해 가고 있는 징후입니다.

단순함은 디자인에서 매우 중요한 덕목입니다. 자연에서 단순한 디자인은 생명을 살리지만, 복잡한 디자인은 생명을 죽일 수도 있기 때문입니다. 위기가 찾아온 순간 잠자리는 즉각 날 수 있어야 합니다. 아무리 복잡하고 뛰어난 내용을 담은 디자인이라도 단순해야만 쓸모가 있습니다. 이는 디자인이 가진 함축성을 잘 보여줍니다. 시가 문학의 왕좌에 오른 것은 고도의 압축성에 있습니다. 압축성은 디자인으로 보면 융합성이고 문화적으로 보면 상징성을 의미합니다. 매우 복잡한 삶을 시는 아주 간단하게 전해줍니다. 시와 디자인은 매우 가깝습니다. 시를 이루는 단어들은 너무 단순하고 일상적입니다. 그러나 그 단어가 시인의 머리를 거쳐 나오면 아름다운 시가 됩니다.

내 마음은 호수요
그대 노 저어 오오
나는 그대의 흰 그림자를 안고
옥같이 그대의 뱃전에
부서지리다

내 마음은 촛불이오
그대 저 문을 닫어주오
나는 그대의 비단 옷자락에 떨며
고요히 최후의 한 방울도

남김없이 타오리다

시인 김동명의 시입니다. 내 마음은 호수요. 이토록 단순하게 조합한 단어가 시가 됩니다. 그런데 이 시는 도무지 논리적이지 않습니다. 아니 어떻게 마음이 호수란 말인가? 아니 거기로 어떻게 노를 저어 간단 말인가? 하지만, 우리는 이 시에서 전혀 이상 없이 문맥을 읽고, 게다가 감동까지 합니다. 이것이 직관의 힘입니다. 시가 사람의 마음을 두드리는 것은 논리가 아니라 직관이고, 직관을 통해 우리에게 다가오는 것은 이미지화 된 정서입니다. 시에서 중요한 것은 바로 이 이미지고, 이 때문에 디자인과 시는 매우 가깝습니다. 시가 이미지를 넘어서 관념 속으로 들어가면, 우리는 그 시를 외면합니다. 시가 독자에게 미치는 효과에 방점을 찍는다면, 시와 디자인은 같습니다. 디자인에서 정서가 중요한 까닭입니다. 베르그송의 희망도 시인의 희망도 디자이너의 희망도 모두 직관에서 만납니다.

03
새로운 상상력, 한옥

오래된 미래

> 전 세계의 가정에서 미국 드라마 〈달라스〉가 방영되었고 어느 나라 어느 도시에서나 서구 스타일의 줄무늬 옷이 유행한 적이 있었다. 어느 해年인지 인도의 라다크와 스페인의 산골마을에서 동시에 똑같은 장난감 가게가 문을 여는 것을 보았다. 그 두 가게는 모두 금발에 푸른 눈을 한 바비인형과 기관총을 든 람보 인형을 팔고 있었다.

헬레나 노르베리 호지가 지은 《오래된 미래》(중앙북스)에서 따온 글입니다. 이 글은 문화의 다양성이 파괴되는 위험한 상황을 설명하고 있습니다. 다양성이 다툼을 완화시킨다는 것이 저자의 주장입니다. 그는 그의 주장을 자신이 직접 겪었던 예를 통해서 매우 설득력 있게 기술합니다. 디자인에서도 비슷한 일이 벌어지고 있습니다. 바로 다양성의 파괴입니다. 그리고 그것은 바로 사회의 파괴로 이어지고 있습니다.

다른 생명과는 다른 진화방식을 선택해서 독특한 디자인 문화를 일구어 온 인간은 자신을 만물의 영장이라고 굳게 믿습니다. 그런데 정말 그럴지는 더 두고 봐야 할 것 같습니다. 인류를 위험에 빠뜨리는 문제들은 전쟁을 빼고 보더라도 매우 다양하게 전개되고 있습니다. 자연 파괴로 인한 생태 물리적 위험, 먹이사슬이 깨지면서 생긴 생물학적 위험, 유럽이 개발한 경제 모델이 야기한 경제적 위험, 불평등에 의한 정치 문화적 위험까지. 미처 생각지도 못한 위험들이 유령처럼 세계를 배회하고 있습니다. 방금 말한 것처럼 《오래된 미래》의 저자는 여기에 다양성의 파괴도 함께 적고 있습니다. 경제통합이 유발한 문화적 위험은 획일화로 나타납니다. 디자인에서 반복이 중요한 이유가 차이에 있다는 것을 우리는 앞에서 이미 확인했습니다. 그것이 자연의 다양성을 유지하면서 지구라는 행성의 아름다움을 지켜주기 때문입니다. '디자인 서울'처럼 한 사람에 의해 기획되는 디자인이 위험한 까닭입니다. 획일적인 문화가 확산되고 있는 상황은 여러 가지 측면에서 비극입니다. 각 지역, 각 민족들이 수천 년을 쌓아온 고유한 문화들이 허무하게 사라지고 있습니다. 세상이 하나의 가치로 통합되는 것이 인류의 평화에 도움이 될 것 같지만, 오히려 극단적인 갈등으로 이어질 수 있습니다. 그 위험성을 보여주는 것이 《오래된 미래》의 탁월한 시선입니다. 타자를 타자로 인정할 수 있는 타자의 철학과 차이를 그 자체로 인정할 수 있는 차이의 철학에는 바로 이런 위기의식이 반영되어 있습니다.

우리는 인류의 다양성을 확보하기 위해서라도 우리의 오래된 미래, '한옥'에 관심을 가질 필요가 있습니다. 한옥에는 아직 파괴되지 않은 자연이 있고, 아직 서양에 의해 오염되지 않은 우리 문화가 숨어 있습니다. 그 안에는 아직도 수많은 디자인 아이디어가 원석으로 누군가의 세심한 손길을 기다리고 있습니다. 우리가 우리 전통을 돌아본다는 것은 다양성을 확보한다는 의미에서, 궁극적으로 세계 평화와도 긴밀하게 이어져있습니다. 한옥을 통해서 우리는 우리의 전통뿐 아니라 궁극적으로는 세계로 들어가는 길도 발견할 수 있을 것입니다. 한옥을 보는 이유를 하나 더 적자면 한옥의 미적 체계가 디자인의 미적 체계와 매우 유사하기 때문입니다. 지금부터는 그 부분에 대해 들여다보겠습니다.

디자인은 설계가 아니다

설계와 디자인은 다릅니다. 설계가 계획한 무언가를 정확하게 그려내는 단순한 실행행위라면, 디자인은 정해진 무엇을 정확하게 실행하는 것이 아닙니다. 그래서 훨씬 복잡합니다. 디자인의 목표는 애초에 '살아감'이라는 매우 실존적인 영역이지만, 그래서 매우 추상적인 것이기도 합니다. 거미가 스스로를 디자인할 때 그것은 구체적인 실행행위가 아니며, 다양한 상황과 사건들에 대한 복합적이고 융합적인 행위라는 것을 이미 확인했습니다. 그것은 내가 어떻게 살 것인가에 대한 물음이기도 합니다. 이 세상의 많은 생명은 끊임없이 어떻게 살 것인지 스스로 묻고 그것을 자기 몸에 디자인합니다. 그런 의미에서 디자인은 단순하고 기계적인 설계가 아닙니다. 어떤 상황이 주어지면, 그것에 적응하는 과정을 포함합니다. 디자인은 단순한 결과물이 아니라 적응하는 과정을 포괄합니다. 그렇기 때문에 디자인은 천재적인 설계자에 의해서 만들어지는 것이 아니라 끊임없는 시도와 반복을 통해서 이루어져 왔습니다. 그것이 자연에서 디자인을 통해 살아가는 생명들의 특징입니다. 어떤 과학자들은 이를 보고 진화라고 합니다. 그래서 디자인에서는 한 사람의 천재성보다 여러 사람의 생활 속 아이디어, 학문적 아이디어가 맞물리는 집단적 상상력이 중요합니다. 우리나라에서 도시 디자인이 실패하는 까닭은 디자인 서울처럼 정치적인 입지를 강화하려는 리더들의 업적욕과 여기에 이권을 탐내는 이들의 탐욕이 이어졌기 때문입니다. 앞에서 본 것처럼 디자인은 생활 속에서 나와야 합니다. 만약에 도시 디자인이라는 용어가 디자인에서 사용 가능한 단어가 되려면, 먼저 그 도시 생활에 대한 검토가 선행되어야 합니다. 그래서 디자인의 기본 속성은 민주적입니다. 잡스의 천재성으로 세계의 이목을 끈 아이폰 디자인에서도 이런 상황은 마찬가지로 나타납니다. 아이폰 디자인을 스티븐 잡스가 직접 한 것은 아닙니다. 게다가 아이폰은 도시가 아니고 하나의 물건입니다. 그렇다고, 잡스의 의뢰를 받은 단 한 사람이 디자인한 것일 리도 없습니다. 그 디자인을 만들기 위해 여러 사람들이 함께 고민했을 것입니다. 분명이 디자인을 책임지고 때로는 선도하는 사람은 있었겠지만—애플이라면 조너선 아이브가 되겠지요—하나의 디자인이 완성되기까지 다양한 원천의 아이디어가 필요했을 것입니다. 이게 예술과 다른 디자인의 특징이고 가치입니다. 과거 서울 시장이었던 오세훈은 바로 이것을 착각한 것입니다.

그래서 그것이 디자인인 한 디자인은 과거를 품고 있습니다. 과거 없는 디자인은 없습니다. 디자인을 과정으로 인식해야 한다면 디자인에는 늘 시간 개념이 들어갑니다. 그래서 디자인을 시간적으로 정의하면 이렇습니다. '디자인은 과거를 미래에 담아 현재화 하는 것이다.' 현재는 미분 개념으로 보자면 시간의 변화율입니다. 즉 과거가 미래로 가는 순간이어서 현재에는 과거와 미래가 공존합니다. 그래서 우리가 과거를 포기한다면 이는 우리의 미래를 내팽개치는 것입니다. 획일화된 세계화 속에서 우리의 삶을 일구려면, 그들을 답습만 하지 말고 우리의 다양성을 디자인 도구로 사용해야 합니다. 차이를 만들지 못하는 디자인은 디자인이 아닙니다. 다양성은 그래서 디자인의 속성입니다.

우리 디자인의 원형, 한옥

비례는 우리에게도 소중한 건축 원리입니다. 한옥에서 건축의 단위로 쓰는 간이라는 개념은 비례에 의지합니다. 직각삼각형의 원리를 이용한 구고현법 역시 비례에 의지하고 있습니다. 육각정을 만들 때 보의 길이는 $\sqrt{3}=1.732\cdots$의 원리가 적용됩니다. 추녀의 길이 역시 기본적으로 $\sqrt{2}$를 기준으로 합니다. 그러나 이것들은 한옥의 제작원리일 뿐입니다. 건축을 미적 기준으로 본다면 한옥의 건축 원리는 전혀 달라집니다. 우리 건축에서는 제작원리와 미적원리가 다릅니다. 다른 나라에서는 제작원리가 곧 미적원리입니다. 즉 비례에 맞추어 건축을 하면 그것은 곧 아름다운 건축이 됩니다. 여기에 맞추어 그들이 찾아낸 대표적 비례가 황금비율입니다. 황금비율은 고동이나 꽃잎 등에서도 발견되지만, 우리 일상에도 깊게 들어와 있습니다. 책의 크기, 명함의 크기, 건물의 비례까지. 우리는 대상을 받아들일 때 익숙한 것을 선호합니다. 그래서 비례는 보편성을 확보한 매우 유용한 도구고, 사업적으로도 비교적 편안한 피난처입니다. 그러나 비례를 맹신하면, 명함 만들기와 건물 짓기를 같은 원리로 환원하는 실수를 저지르고 맙니다. 이는 디자인에서 막연히 비례를 따르는 것이 얼마나 위험한지를 알려줍니다. 앞에서 이야기한 것처럼 비례를 통해서 건물을 짓습니다. 간이라는 개념을 통해 무한히 비례를 키워나가지만, 우리는 적당한 선에서 비례를 버립니다. 우리는 제작원리와 미적원리를 명확하게 구분하기 때문입니다.

그러면 우리 건축에서는 왜 제작원리와 미적원리가 다를까? 그 까닭은 독특한 건축 개념에서 출발합니다. 좀 이상하게 들릴 수도 있겠지만, 우리에게 건축은 건물이 아닙니다. 서양처럼 건축을 비례로 접근하는 태도라면 건축은 건물이 될 수밖에 없습니다. 그러나 우리는 건물만을 건축으로 보지 않습니다. 우리의 건축 개념이 다른 나라와 달리 독특한 특성을 갖게 된 것은 마당 때문입니다. 다른 나라는 기본적으로 마당이 중정형태로 건물 안에 있습니다. 그러나 우리는 생활공간으로서의 마당을 건물 밖에 두는데, 이것이 중정과 다른 마당입니다. 마당이 생활공간이 되면서 건물은 아니지만, 건축이 되는 특이한 상황이 발생하는데, 이 때문에 우리는 다른 나라와 다른 건축개념을 확립했습니다. 우리에게 '건축 = 건물 + 마당'이 됩니다.

다른 나라 건축 = 건물

우리 나라 건축 = 건물 + 마당

이 차이는 우리나라 디자인 감각을 다른 나라와 근본적으로 다르게 발달시켰습니다. 이를 명확하게 이해하려면 한옥의 지붕선을 살펴볼 필요가 있습니다. 우리는 지붕선을 잡을 때 건물의 비례만을 따져서 결정하지 않습니다.

우리가 지붕선을 잡는 방법은 매우 독특합니다. 목수들은 지붕선을 잡을 때 어떤 자도 사용하지 않습니다. 오직 눈과 자신의 감만을 사용합니다. 그렇다고 우리가 정확한 것을 싫어하기 때문은 아닙니다. 우리의 건축 개념상 이것이 불가피하기 때문에 그렇게 할 뿐입니다. 한옥을 짓는 순서는 이렇습니다. 터를 닦고, 주춧돌을 놓으면, 거기에 기둥을 세우고, 보를 이어서 집을 안정적으로 세웁니다. 이때 지붕선의 기초가 되는 추녀를 양쪽 끝에 놓게 되는데, 건물이 여기까지 지어지면, 양쪽 추녀에 목수가 올라가서 줄을 늘어뜨립니다. 이때 대장 목수가 적정한 지붕선을 잡기 위해서 마당을 안고 멀리 떨어져서 늘어진 줄을 바라봅니다. 마당을 안고 보는 이유는 마당이 건축공간이기 때문입니다. 대장 목수는 우선 지붕선이 건물과 어울리는지를 봅니다. 다른 나라의 건축은 여기서 지붕선 잡는 일이 끝납니다. 왜냐하면 그들에게 건축은 건물이기 때문입니다. 지붕선과 건물 전체의 비례가 맞는다면, 거기서 건축은 끝이 납니다. 그러나 우리의 지붕선 잡기는 여기서부터 시작합니다. 이제 지붕선과 건물이 어우러지는지를 확인했다면, 지붕선과 마당이 어울리는지를 봐야 합니다. 서양 건축을 하는 사람에게는 쉽게 이해하기 어려운 절차입니다. 그러나 한옥을 짓기 위해서는 결코 빠뜨릴 수 없는 과정입니다. 마당이 건축공간이기 때문에 지붕선이 마당과 어우러지지 않는다면, 그 건축은 결코 완성도 높은 건축이 될 수 없습니다. 여기가 끝이 아닙니다. 마당을 안고 건물을 보기 때문에 우리의 시야는 매우 넓어져 주변 자연이 함께 시야에 들어옵니다. 그 당연한 결과로 '자연이라는 공간'과 '건물이라는 공간'이 하나의 흐름 속에 놓이게 됩니다. 그렇게 하나의 흐름이 된 건물이 주변과 가장 잘 어우러지는 선 하나를 뽑아내는데, 그게 바로 지붕선입니다. 자연과 하나의 흐름 속에서 지붕선을 통해 완성되는 건축이 한옥입니다. 그래서 우리는 건축을 보는 시야가 매우 넓습니다. 일단 공간의 안과 밖을 하나의 흐름으로 보면, 건물 주변, 건물, 건물 내부가 모두 중요해집니다. 왜냐하면 건축이 단순한 건물이 아니라 공간의 흐름으로 인식되면서 건물 안팎으로 움직이는 공간의 흐름이 동시에 고려될 수밖에 없기 때문입니다. 그래서 건물내부에 머무는 사람의 흐름도 중요해집니다. 이렇게 건물 내외부가 자연의 흐름 속에 놓이면서 '건물 밖의 자연'과 '건물 안의 사람'을 같이 배려하게 됩니다. '밖에서 보는 건물과 자연', '안에서 보는 건물과 자연' 두 가지를 함께 고려할 수밖에 없습니다. 그래서 한옥의 건축적인 울림이 커집니다. 이것은 마당이라는 건축 공간 때문에 가능합니다. 그래서 우리 건축 개념을 다시 식으로 나타내면 이렇습니다.

건축 = 건물 + 마당 + 자연(또는 주변) = 흐름

우리는 명확한 개념(설계)을 추구한 서양미학과는 달리 자연에 적응하여 흐름 속으로 들어가는 미학 체계입니다. 설령 설계가 있어도 이것은 하나의 기준일 뿐 진행되면서 변화를 겪습니다. 즉 우리 건축은 과정 속에 있습니다. 이것이 우리에게 있는 디자인 본능입니다. 우리는 지금까지 디자인과 설계의 차이가 어디에 있는지 충분히 살펴보았습니다. 실제 건축에서도 건축이 설계도면 그대로 이루어지는 경우는 거의 없는데, 이는 설계가 디자인을 담아내기가 얼마나 어려운지를 잘 설명합니다.

새로운 디자인, 한옥

패키지 디자인: 마당과 쇼핑백

털가죽과 옷의 차이

인류는 처음 비슷하게 집을 지었습니다. 대표적인 디자인을 찾았던 것이지요. 동그랗게 생긴 움집 같은 것입니다. 그러나 오랜 역사를 거치는 동안 지역마다 민족마다 집을 짓는 방법에 차이가 생겼습니다. 우리 전통건축에서는 뼈대를 세워 건물을 짓습니다. 기둥을 세우고 보를 잇고 지붕을 얹습니다. 그래서 벽은 있어도 되고 없어도 됩니다. 벽이 없다고 집이 무너질 까닭이 없으니까요. 정자를 떠올리시면 쉽게 이해할 수 있습니다. 기둥 사이는 늘 안과 밖의 흐름으로 남아 있습니다. 건물의 안과 밖이 매우 자연스럽게 움직입니다. 그래서 자연과 집 사이에 결연한 단절이 없습니다. 그러나 서양 건축은 다릅니다. 서양에서는 기둥이 아니라 길게 쌓은 벽 위에 직접 지붕을 얹는 형태여서 벽이 무너지면 집이 무너집니다. 벽이 무너질 위험이 있으니 벽은 두꺼워졌고, 문과 창은 작아졌습니다. 그래서 건물의 안과 밖은 완강하게 단절되었습니다. 따라서 근대 이전의 서양 건축은 에워쌈으로 표현할 수 있습니다. 서양 건축에서 바닥 지붕 벽을 한꺼번에 표현하기 위해 엔벨로우프(에워쌈, 봉투)라는 단어를 쓰는 까닭입니다. 현재 건축법에서 벽을 건물의 필수요소로 보는 것은 건축법 자체가 서양 것을 기본으로 했다는 사실을 보여줍니다.

한옥을 자연과 인간 사이의 옷으로, 서양집을 곰의 가죽 털에 비유하는 까닭입니다. 그 차이가 단지 지금 설명한 물리적인 이유만으로 생기는 것은 아닙니다. 서양 사람들에게 자연은 하늘나라로 가기 전에 잠깐 머무는 장소입니다. 이성적 인간이 보기에 자연은 야만적이고 무질서합니다. 그래서 서양 사람은 자연을 이성을 통해서 질서를 구현해야 할 대상으로 봅니다. 그렇기 때문에 인간 이성에 근거한 건축은 자연이 아니라 인간의 영역에 속합니다. 집은 인간이 무질서한 자연과 대치한 최전선인 셈입니다. 이에 비한다면, 우리에게 자연은 우리가 어우러지는 곳이고 종국에는 돌아갈 곳입니다. 우리에게 자연은 소통하며 살아야 할 곳입니다. 벽이 없는 건축이 존재한다는 의미에서 우리에게 집은 때로 인간이 아닌 자연에 속한 것이기도 합니다. 우리는 이런 건축을 누정에서 만날 수 있습니다. 담양의 수많은 정자는 건축이 어떻게 자연과 하나가 될 수 있는지 잘 보여줍니다. 벽에 익숙한 사람들에게 이런 건축은 이해하기 힘든 구조입니다. 아니 벽 없는 건물을 지을 이유가 뭐란 말인가? 그렇게 되물을 수도 있습니다. 여기까지가 동양의 다른 나라와 우리가 함께하는 전통입니다. 그런데 우리는 여기서 한 걸음 더 나아갑니다. 우리에게는 마당이 있기 때문입니다. 마당은 무엇으로도 규정되지 않는 공간입니다. 때로는 자연이고 때로는 건축입니다. 이 마당의 매력은 어디까지가 인공이고 어디까지가 자연인지 알 수 없다는 데에 있습니다. 그것은 비어 있는 공간이지만, 무언가 일어나는 장소이기도 합니다. 이 불확정적인 마당이 건물을 감싸 안은 형태가 한옥입니다. 그래서 자연과 인간이 벽을 사이에 두고 격렬하게 만나지 않습니다. 집을 쌌다 풀었다 하는 마당은 보자기를 닮아 있습니다. 보자기는 무엇이든 받아냅니다. 보자기는 어떤 형태의 물건도 다 담아냅니다. 그것은 자연의 특성이기도 합니다. 마당 역시 어떤 인공 건축물도 담아냅니다. 보자기는 무엇을 담기만 하는 게 아니라 머리에 쓰기도 하고, 어깨에 두르기도 합니다. 마당도 그게 무엇이든 어울리고 화해시키는 능력이 있습니다. 이는 오늘날 패키지 디자인과 매우 유사한 개념입니다. 사방탁자가 나올 수 있었던 것 역시 우리 마당이 있어서입니다.

한옥에는 '사이'라는 개념이 있다는 점에서 패키지 디자인 요소가 강합니다. 과거 디자인은 필요에 의한 디자인이었지만, 지금은 소비자와 공급자 사이에 인터페이스 형태의 디자인이 중요합니다. 그게 패키지 디자인입니다. 이때 이 패키지를 곰의 가죽 털로 생각할 것인지, 아니면 옷으로 생각할 지가 매우 중요합니다. 곰이 털로 자신의 몸을 디자인한 것은 욕구보다는 필요에 의한 것으로 생각하는 것이 맞습니다. 그러나 현재 인간의 디자인에서는 물리적인 필요보다는 감정적인 것들까지 고려한 욕구(니즈) 개념이 더 중요합니다. 이 인터페이스 개념이 한옥에 내장된 개념입니다. 패키지 디자인 분야에서 우리는 심정적으로 유리한 입장에 있습니다. 한옥에서 지붕선이 중요한 이유는 한옥이 주변과 어떻게 소통했는지를 알려주기 때문입니다. 결국 한옥이 가진 곡선의 아름다움은 자연과의 인터페이스를 전제했다는 것이지요. 이것이 디자인에서 고려해야 할 중요한 가치입니다.

레이먼드 로위, 디자인의 역사를 새로 쓰다

레이먼드 로위가 디자인한 작품들입니다. 그의 작품은 기하학에 기반을 두고 있던 서양의 디자인 역사에서 혁명 같은 것이었습니다. 레이먼드 로위의 디자인에 대한 당시 미국 사람들의 반응은 폭발적이었습

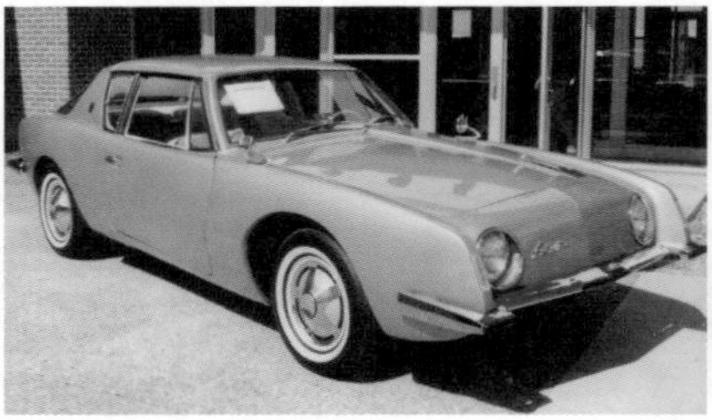

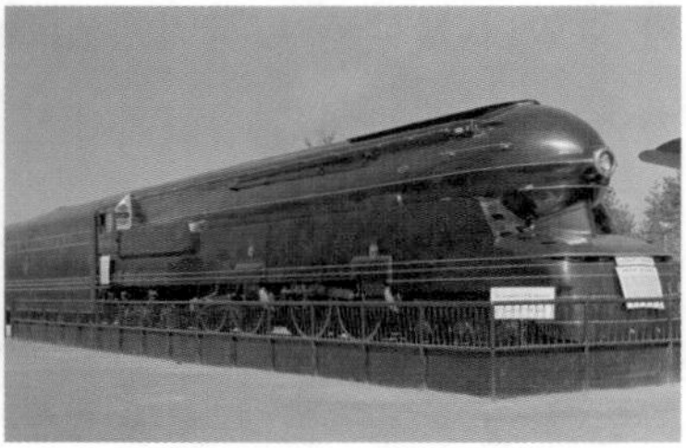

레이먼드 로위의 작품

니다. 그는 코카콜라 디자인에서 대통령 전용기까지 간여하고 손대지 않은 영역이 없을 정도로 광범위하게 디자인에 참여했습니다. 당시 그가 한 디자인의 특징은 유선형입니다. 그가 만든 유선형과 우리의 유선형을 비교해볼 필요가 있습니다. 우리에게 유선형은 자연에서 출발해서 인간과 자연의 조화를 지향했지만, 그에게 유선형 디자인은 공기의 저항을 줄이기 위해 도입되었던 항공기의 유선형 곡선과 관련 있습니다. 여전히 자연은 배제되어 있습니다. 백자와 청자의 유선형, 그리고 레이몬드 로위가 디자인한 유선형. 어느 것이 더 고급스러운가요? 어느 것이 더 아름다운가요? 우리 지붕선이 가진 유선형과 그가 만든 기관차의 유선형을 비교해 보세요.

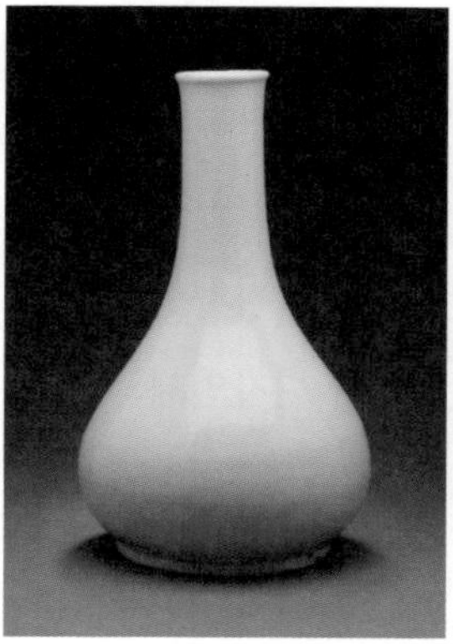
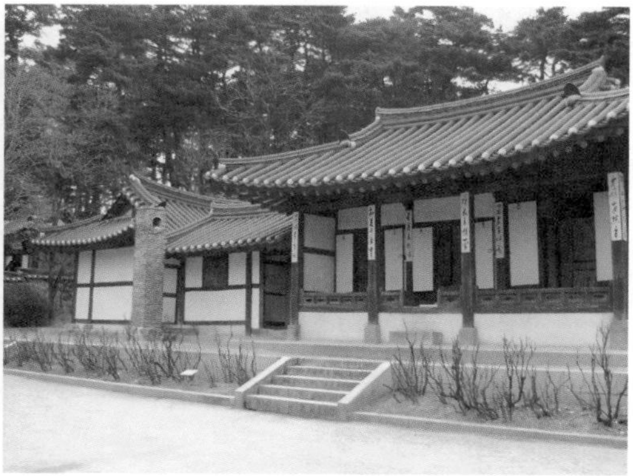

한국의 유선형 디자인인 백자와 지붕선

기하학 전통이 강한 서양 사회에 유선형 디자인을 소개한 것도 중요하지만, 로위가 디자인 역사에서 중요한 위치를 차지한 것은 패키지 디자인에 있습니다. 그에게 처음 주어진 일은 복사기 디자인이었습니다. 그는 며칠 만에 자기에게 주어진 디자인을 완성했는데, 전형적인 패키지 디자인이었습니다. 그가 디자인에서 초점을 맞춘 것은 내부에 있는 기계 부품이 보이지 않도록 복사기 전체를 감싸도록 하는 것이었습니다. 단순해진 복사기는 더 이상 기계로 보이지 않았고, 이는 소비자가 기계에 대한 거부감 없이 복사기에 다가설 수 있게 했습니다. 대공항 당시 경제적 어려움이 노동을 대체한 기계 때문이라고 생각한 사람이 많았는데, 기계에 대한 거부감을 디자인으로 해소시킨 것이지요. 이것이 패키지 디자인입니다.

서양에서 디자인은 자연과 물건 사이의 '사이' 개념이 아니라 물건 자체의 개념일 수밖에 없었다는 점을 생각하면, 레이몬드 로위를 통해서 서양에서 디자인의 의미가 얼마나 혁명적으로 변했는지 짐작할 수 있습니다. 레이몬드 로위는 기계를 담아내는 외피를 성공적으로 정착시킨, 패키지 디자인의 전도사였습니다. 그는 복사기 디자인을 시작으로 디자인하는 것마다 성공을 했습니다. 그는 당시 디자인계의 마이더스의 손이었습니다. 그는 패키지 디자인 시대를 활짝 열었습니다.

우리는 뉴욕으로 가야 하는가?

언젠가 한옥과 디자인이라는 주제로 강의를 하던 중, 청중 한 분이 물었습니다. '그렇다면 우리는 디자인을 공부하러 뉴욕에 갈 필요가 없습니까?' 뉴욕이 디자인에서 갖는 상징적 위치 때문이겠지만, 저는 생각지도 못한 질문에 조금 당황했습니다. 그래서 저는 다른 사람의 의견을 들려주는 것으로 제 대답에 갈음했습니다. 김민수 씨가 쓴 《김민수의 문화디자인》에 그 질문에 대한 답이 나옵니다. 그는 〈언짚드〉라는 영화 대사를 인용하여 이렇게 적고 있습니다. '뉴욕에는 모든 것이 있다.' 저는 이실직고하면 뉴욕에 가보지 않았습니다. 그래서 잘 모르겠지만, 김민수는 디자이너가 참고해서 보아야할 모든 것이 뉴욕에 있다고 믿는 것 같습니다. 뉴욕 자체를 디자인 백과사전에 비유하기도 합니다.

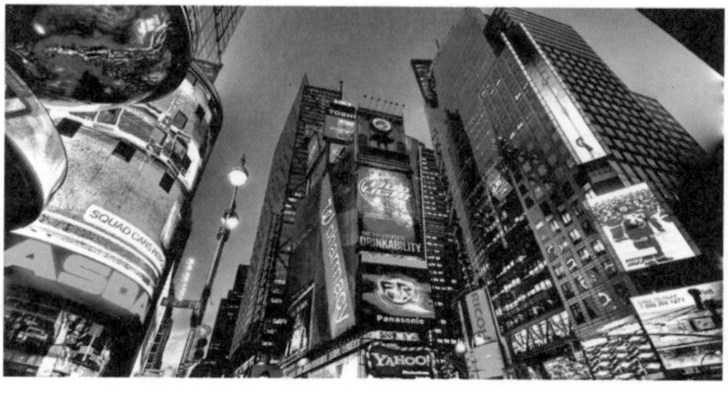

다양한 디자인이 모인 도시, 뉴욕

뉴욕은 다문화 다인종의 복합적인 도시이고, 2차 세계대전으로 미국으로 건너간 유럽의 지성들이 모여든 곳이기도 합니다. 온갖 잡동사니가 모여 다양하게 섞이면서 다양한 디자인을 뱉어내는 곳이 된 것이지요. 디자인이 지향하는 것이 다양성이라면, 디자이너에게 뉴욕은 꼭 필요한 곳인지도 모르겠습니다.

인류는 디자인에서 자연을 떼어내고 문화로 코드화를 진행시키고 있습니다. 그 결과 디자인 환경은 근본적인 변화를 맞고 있습니다. 세종대왕의 한글창제가 위대한 것은 디자인에서 자연을 떼어내고 순수 인간의 문화를 한글이라는 디자인으로 코드화했기 때문입니다. 한글이 위대한 것은 그것이 한글이어서가 아니고, 바로 혁명적인 디자인이기 때문입니다. 우리가 한옥에 관심을 갖는 것도 비슷한 맥락입니다. 그래서 한옥이면 모두 좋다는 것은 아닙니다. 좋은 디자이너라면 한옥의 디자인 특성을 이해하는 것이 중요하지 한옥을 숭배하는 것이 중요한 것은 아닙니다. 한옥을 이해한 디자이너가 있어야 할 곳은 세계를 호흡할 수 있는 곳이어야 하고 그곳이 뉴욕이라면 뉴욕에 갈 필요가 있을 것입니다. 이 시대의 디자인이 기호라는 감성적 소비를 지원하는 것이라는 점도 뉴욕의 가치를 크게 합니다. 패키지 디자인은 디자인의 용도를 기능에서 소통으로 위치 조정했습니다. 그만큼 소통이 필요한 것이지요. 시장이 글로벌화 되면서, 소통을 어떻게 담아낼 것인가가 중요합니다. 인간의 디자인은 이제 자연적 의미의 디자인과 분리되어 진화하고 있습니다. 그래서 도시는 이전에 자연이 그랬던 것만큼 우리에게 매우 중요한 디자인 교실입니다. 세계를 배우고 거기에 우리 디자인 하나를 더 얹을 수 있다면, 우수한 디자이너가 될 수 있을 것입니다. 왜냐하면 우리는 확실한 차이의 문화를 내장하고 있기 때문입니다. 아마 세상은 더 풍요로워질 것입니다. 세계의 벽을 넘기 위해서는 우리에게 있는 디자인 소질을 놓치지 말고 이용할 줄 알아야 하지만, 세계의 흐름도 중요합니다. 그것이 흐름으로서의 디자인에 적합하기 때문입니다.

디자인의 새로운 꽃, 타이포그래피

형태와 색으로 디자인을 완성한다고 했지만, 좀더 세심하게 이야기하자면 디자인은 형태와 색으로만 하는 것은 아닙니다. 꽃이라면 향기를 피워서 누군가를 유혹합니다. 인간도 다르지 않습니다. 디자인이 공감각을 수용해야 하는 상황에 진입하고 있습니다. 때로는 아날로그 감성을 자극하는 소리도 중요합니다. 예를 들어서 청각적인 감성도 중요할 수 있습니다. 아무 소리가 나지 않는 타이프보다 경쾌하게 소리 나는 타이프가 많이 팔렸던 까닭입니다. 그러나 소리보다 좀 더 보편적인 디자인으로는 텍스트가 있습니다. 텍스트는 이미지와 달리 의미를 정확하게 전달할 수 있다는 점에서 디자인의 소통 효율을 크게 높일 수 있습니다. 텍스트가 제시하는 단 하나의 의미로 모든 이미지가 모일 수도 있습니다. 텍스트는 인간 문화의 첨병이라는 점에서 디자인이 자연에서 인간으로 넘어오는 최전선 디자인입니다. 기능을 위한 디자인이 아닌 패키지 디자인에서 글씨는 마술 같은 효과를 만들기도 합니다.

디자인의 성격이 바뀌었음을 온전히 느끼기에도 타이포그래피typography만큼 좋은 것이 없습니다. 문자와 일대일 대응하는 디자인을 자연에서 찾기가 쉽지 않습니다. 알파벳 A나 B에 대응하는 자연물을 찾을 수 없으니까요. 그래서 타이포그래피는 가장 순수한 인간의 디자인입니다. 우리가 책을 읽고, 인터넷 서핑을 할 때 우리 눈에 잡히는 문자의 크기 서체 등은 매우 현실적인 디자인 영역입니다. 문자를 디자인으로 바꿀 때 색은 형태만큼 중요할 수 있습니다. 텍스트의 위기가 타이포그래피에 더 관심을 갖게 했을 수도 있지만, 타이포그래피가 독자적인 디자인으로 자리 잡을 수 있었던 것은 패키지 디자인의 성장 때문으로 보입니다. 타이포그래피의 매력은 디자인으로서의 가치와 함께 매우 효율적인 메시지 전달 능력입니다. 추사 김정희가 쓴 판전은 타이포그래피의 진수를 보여줍니다. 캘리그라피라고 하는 게 정확할까요? 아무튼.

타이포그래피는 한옥에서도 중요했습니다. 전통한옥을 방문했다가 처마 밑의 당호를 본 적이 있나요? 현판은 단순한 글씨의 조합이 아닙니다. 한자漢字는 실제 산의 이미지가 글자 山(산)이 되었다는 점에서 자연과 일대일 대응이 가능한 유일한 글씨입니다. 글씨 자체가 대상의 이미지인 셈입니다. 우리에게 한자의 전통이 있다는 것은 디자인 시장에서 꽤나 유리한 자산입니다. 글자 자체가 자연과 인문을 이어주고 있기 때문입니다. 그리고 우리 선조들은 다양한 서체를 중국에서 수입해왔고, 추사의 경우는 자신만의 경지에 이른 서체를 고안했다는 점에서 우리에게 타이포그래피 디자인은 꽤나 오래된 전통입니다.

2005년 스티브 잡스는 스탠포드 졸업식에 참석하여 축사를 합니다. 그는 그 연설에서 대학을 중퇴하기 전 학교에서 서예강좌를 들었다고 고백합니다. 그는 거기서 훌륭한 서체를 만드는 방법을 배웠고, 매킨토시 컴퓨터를 디자인할 때 서예공부가 많은 도움이 되었다고 말합니다. 만약에 그가 그때 그 강의를 듣지 못했다면, 매킨토시는 그렇게 다양하고 균형 잡힌 글씨체를 가질 수 없었을 것이라고 이야기했습니다. 매킨토시가 수많은 디자이너의 마음을 훔치고, 그래픽 컴퓨터의 제왕이 될 수 있었던 것은 우리에게 너무나 익숙하지만 우리가 너무 오래 내팽개쳐 버려둔 한자 때문입니다. 좀 과장해서 말하면 GUI(graphical user interface)는 바로 한문의 서

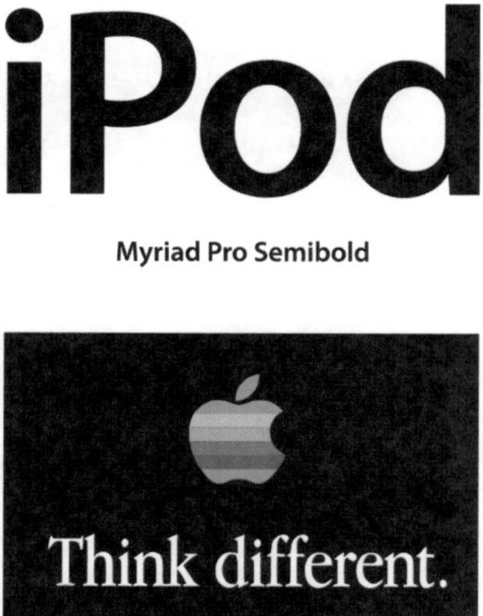

매킨토시의 서체

체에서 시작한 것일 수 있습니다. 과거 디자이너 중 우리 주변의 글씨에 집중한 사람이 얼마나 될까요? 이는 우리에게 시사하는 점이 매우 많습니다. 동양에서 한자는 디자인이 어떻게 예술로 변화되는지를 보여줍니다. 한자는 대상을 그려서 의사소통을 하는 디자인으로 출발합니다. 그러나 한자는 차차 하나의 예술로 자리를 잡게 됩니다. 그림을 그려 글씨를 쓰다 보니 미술의 기본인 공간에 대한 감각이 자연스럽게 발전했습니다. 그리고 선線에 대한 다양한 접근이 시도됩니다. 전서 예서 행서 등등이 그렇습니다. 우리 예술의 장점인 곡선이 자연에서 온 것이지만, 그것이 문화적인 가치를 담지하는 것은 이런 전통이 있기 때문으로 보입니다. 그래픽 디자인의 기본적인 것을 거의 다 가지고 있는 것이 한자입니다. 문자는 기본적으로 인간만의 디자인인 문화 디자인입니다. 디자인이 예술로 변하는 지점이 바로 기능에서 독립한 문화 디자인이라는 점을 생각하면, 동양에서 디자인과 예술의 관계는 현대 사회의 디자인 현상을 앞서서 경험한 경우라고 할 수도 있을 것입니다. 한자의 경우 예술로 승화되면서, 단순한 기호 이상을 전할 수 있다는 점에서 매우 우수한 디자인입니다. 어쩌면 이런 전통을 갖고 있는 우리가 디자인 시장의 선두로 나서지 못하는 것은 서양에 대한 두려움이나 열등감의 결과가 아닐까 하는 생각도 듭니다.

한자의 서체도 중요하지만, 한옥 현판이 중요한 것은 단순한 서체에 있지 않습니다. 단 한 두 자로 그 집의 성격을 압축적으로 보여줄 수 있는 것이 바로 현판입니다. 굳이 기호학적인 가치를 따지지 않아도

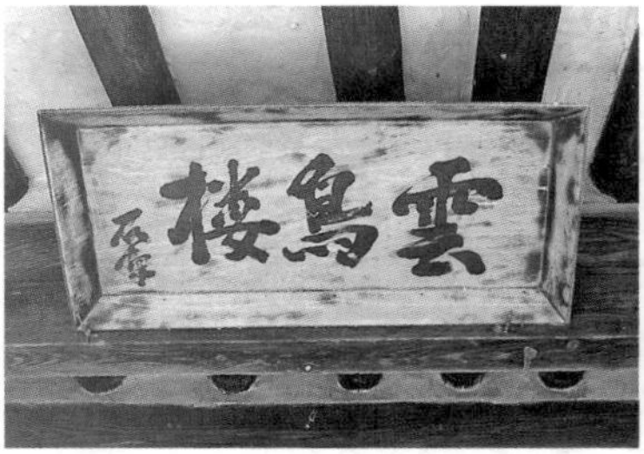

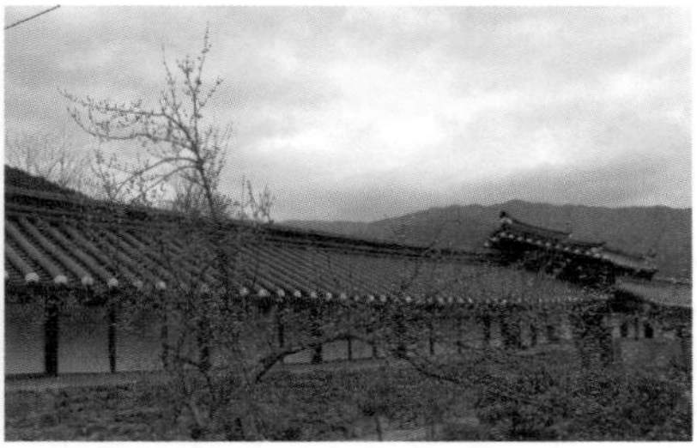

운조루 현판과 전경

우리에게 이름은 중요합니다. 우리가 아이를 낳으면 신중하게 이름을 짓는 것처럼, 우리 조상은 건축을 하면 그 건축에 사려 깊은 이름을 붙입니다. 단 몇 자로 집의 가치를 상징적으로 보여주는 것이지요. 현판은 그래서 의미 있는 디자인 도구였습니다. 사진은 전남 구례의 운조루입니다. 운조루라는 당호는 도연명의 시 귀거래사에서 따왔습니다.

雲無心以出岫	구름은 무심히 산봉우리를 돌아 나오고
鳥倦飛而知還	날다 지친 새들은 집으로 돌아올 줄 아는구나

운조루는 위 글에서 첫 글자 둘을 합해서 만든 당호입니다. 운조루에는 도연명이 저 시를 쓸 당시의 심정이 담겨 있습니다. 관직을 휘익 집어 던지고 집으로 가는 즐거움! 그런데, 우리는 굳이 원문을 몰라도 구름이 있고 새가 있다는 이미지만으로 충분히 이 집을 건축한 이가 담으려 했던 이미지를 느낄 수 있습니다. 이것이 타이포그래피의 효

과일 것입니다. 운조루라는 당호를 단 집과 그렇지 않은 집은 전혀 다른 느낌을 줍니다. 운조루라는 현판은 구름과 새가 주는 상징을 충분히 살려 그 집의 주인이 추구하던 메시지를 매우 명쾌하게 전해줍니다. 우리는 소리 글씨인 한글과 뜻 문자인 한자의 전통이 있습니다. 이는 타이포그래피에서 매우 유리한 전통입니다. '문화로서 디자인'이라는 점에서 보면 상형문자와 표음문자의 전통은 매우 고마운 디자인 유전자입니다.

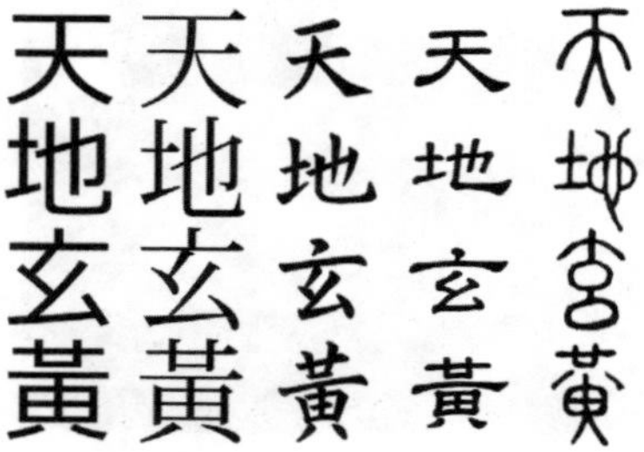
한자 서체

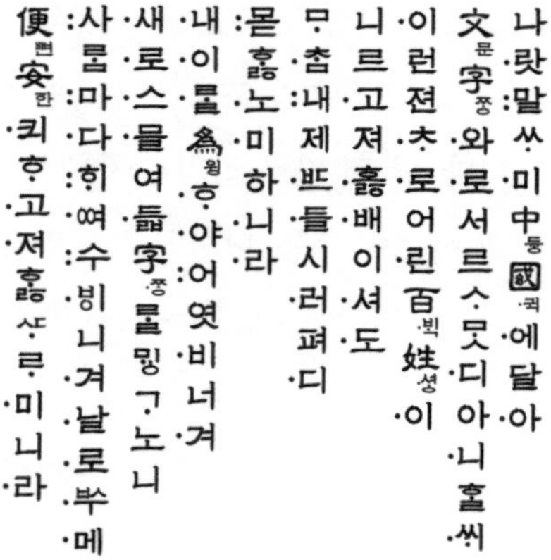
한글 서체

디자인에는 인간의 문화를 통어하고 정서를 관리하는 힘이 있습니다. 한글은 소리를 추상화시켰다는 점에서 매우 특별합니다. 훈민정음에는 그 디자인을 만들게 된 까닭이 잘 나옵니다. '나라의 말이 중국과 달라서 백성이 자기를 표현하지 못하니, 이를 딱하게 여겨 새로 스물여덟 글자를 만드니 사람마다 쉽게 배우고 쓰도록 하라.'고 적고 있습니다. 디자인의 의미를 이렇게 명확하게 정의하는 글도 드물 것 같습니다. 디자인이 자연에서 인간의 영역으로 넘어오면서 그 가치가 어떻게 확장되는지도 잘 보여줍니다. 한글은 인간이 발휘할 수 있는 디자인 요소를 모두 다 갖추고 있습니다. 생물학적인 모방, 필요성, 추상성, 상징성, 정서, 형태…….

개인적으로 한옥의 문창살을 보고 있으면, 한글의 이미지에 어느 정도 관계가 있지 않을까 하는 생각도 듭니다. 과거 할아버지 할머니는 한글을 문창살만 보면 배울 수 있는 글이라고 말했습니다. 그만큼 쉽다는 의미지만, 문에 한글의 모든 것이 들어 있기 때문입니다. 입의 모양을 보고 만든 매우 과학적인 한글이 정확하게 각을 갖고 만들어진 데에는 한옥의 문창살이 조금 기여했을 것으로 보입니다. 어리석은 백성에게 문창살만큼 쉬운 것은 없었을 테니까요. 어리석은 백성에게 어떻게 하면, 쉽게 글을 가르칠 것인가에 대한 세종의 고뇌가 느껴지는 부분이기도 합니다. 그것이 디자인 아이디어와 디자인 윤리가 만나는 지점이라고 생각합니다.

디자인의 생명, 단순함

디자인의 기능은 단순합니다. 눈은 매우 복잡한 구조지만, 눈이 하는 기능은 더 없이 간단합니다. 보는 것입니다. 생활 속으로 들어가 디자인을 볼까요? 밥을 먹기 위한 숟가락, 국을 담는 그릇, 심지어는 매일 타고 다니는 자동차까지. 그 기능은 더 없이 단순합니다. 디자인은 태생적으로 실용적인 목적에서 출발합니다. 그러나 디자인이 아무리 실용적이어도 꼭 필요할 때 방해가 되는 형태라면, 자연의 어떤 생명도 그런 디자인을 취하지 않을 것입니다. 콘스탄틴 브랑쿠시Constantin Brincuci 역시 단순함을 옹호합니다. 《스탁: 스타일의 전복자 필립 스탁》(미메시스)에서 그의 말을 인용하자면 그는 '단순함은 목적이 아니다. 그러나 사물의 참된 의미에 다가가다 보면 자기도 모르게 단순성에 도달하게 된다.'고 주장합니다.

디자인의 단순함은 경제적 효율성으로 나타납니다. 인류가 지은 건물은 거의 비슷합니다. 가장 효율적인 것을 선택한 것이지요. 인류는 처음 뼈대를 만들어 벽을 세우고, 그 위에 지붕을 덮어 건물을 지었습니다. 원리는 매우 단순합니다. 이 기본적인 형태는 지역마다 민족마다 조금씩 차이를 만들며 각 지역의 민속주택으로 자리 잡았습니다. 자연적 문화적 요인으로 건축방법에 차이가 나지만, 지역적으로 국한해서 보면 집 자체의 디자인에는 큰 차이가 없습니다. 요즘이야 건축가들이 나서서 집을 다양하게 지어야 한다고 주장하지만, 과거에는 집의 형태를 어떻게 할지는 고민거리가 아니었습니다. 유럽에서 어떤 목수가 집을 짓기 위해 고민하던 것들을 적은 이야기가 있어 옮겨 적어봅니다.

> 어느 날 인근 정원의 주인이 대지로 목수를 데리고 가서 그곳에 집 한 채를 짓도록 했다. 그들은 땅이 약간 경사진 지점에서 멈춰 섰다. 그리고 목수는 수목들이나 지면, 주위 환경 그리고 계곡의 마을을 둘러보았다. 그리고 나서 그는 허리띠에서 나무못을 몇 개 꺼내어 발로 거리를 재보고는 그 못들로 표시를 했다.(어떤 형의 집을 지을지에 대해서는 의문의 여지가 없다는 것에 주목하라. 이미 수용된 원형이 있는 것이다.) 그리고 나서 그는 주요 작업을 시작했다. 그는 주인에게 어떤 수목이 희생되어도 좋은지를 묻고, 못을 몇 피트 옮겨 박고는 머리를 끄덕이며 만족해했다. 그는 주위 구조물들이 새로 지을 집의 전망을 해칠 염려가 없으리라는 것을 알았다. (…)
>
> -《주거형태와 문화》, 열화당

인용된 글을 보면, 목수는 집을 어떤 모양으로 지을지에 대해서는 전혀 고민하지 않습니다. 이미 건물의 형태에 대한 기본 디자인이 반복을 통해서 확정되어 있기 때문입니다. 목수가 하는 일이라고는 전망을 망치는 지형지물이 있는지, 집에 햇빛을 제대로 들일 수 있는지를 확인하는 정도입니다. 우리는 여기에서 디자인이 어떻게 반복되고 차이를 만드는 지 잘 알 수 있습니다. 디자인의 특성인 차이의 반복은 살림집에서 전형적으로 나타납니다. 그래서 디자인이라는 관점에서 건축을 볼 때 살림집의 가치를 쉽게 포기해서는 안 됩니다. 기념비적인 건물이나 궁궐 등은 권위를 내세우기 위해 지었기 때문에 규모도 크고, 장식도 많아서 아름다울 수 있습니다. 그러나 디자인이라는 관점에서 보면 그 의미가 상대적으로 크지 않습니다. 그래서 디자인을 하는 사람이라면 우리 민중이 살던 집을 눈여겨 볼 필요가 있습니다. 거기에는 디자인의 거의 모든 것이 담겨 있습니다.

단순함, 한옥의 특징

한옥은 기본 구조가 간단하고, 장식이 없습니다. 앞에서 본 것처럼 간이라는 모듈을 반복해서 짓습니다. 그러니 아무리 큰 건물이라도 매우 단순한 구조체가 됩니다. 한옥은 뼈대를 노출시키는 형태기 때문에 기둥이나 대들보 같은 뼈대가 그대로 장식이 되면서 장식도 거의 하지 않습니다.

서양 건물은 벽을 튼튼하게 짓다보니 돌이나 시멘트로 짓는데, 그대로 두면 흉할 수밖에 없습니다. 그래서 외벽을 화려하게 장식합니다. 실내 역시 돌에서 나오는 서늘한 기운을 막기 위해 벽에 판을 두르고 여기에 그림을 그려 넣습니다. 그래서 건물이 화려하고 장식적입니다. 특히 서양건축에서 내부가 화려한 것은 어느 정도 실내생활과 관계있습니다. 유럽 사람들은 추위를 피해 실내생활을 많이 했습니다. 그래서 실내 공간이 상대적으로 커지고, 마당도 내부화하는 경우가 많았습니다. 당연히 실내에서 보내는 시간이 많아졌는데, 자연과 격리된 생활을 하면서 주로 벽을 보고 살아야 하는 입장에서는 불가피하게 장식에 더 많은 신경을 써야했습니다. 그러나 우리는 춥지 않은 계절에는 실외생활을 많이 했습니다. 추운 겨울을 이겨내기 위해 실내공간을 최소화하고, 봄여름가을에는 외부 공간을 활용하는 형태가 우리 주거문화였습니다. 그래서 내부에서 보내는 시간도 적고, 늘 자연과 함께 하면서 굳이 실내를 요란하게 치장할 필요를 많이 느끼지 않았습니다. 물론 우리가 자연의 질감을 선호했다는 점 역시 빠질 수 없는 이유입니다. 그러니 굳이 가구나 건물에 원색을 요란하게 칠할 이유도 없었습니다. 그래서 우리 건축은 장식이 적고 담백하며 기능적입니다. 단순함이 우리 건축의 특징입니다.

융합은 단순성을 지향한다

단순함이 쉬운 것이라면, 애플의 경쟁업체인 삼성이 먼저 아이폰이라는 디자인에 도달했을지 모릅니다. 오히려 복잡하고 다양한 기능을 담은 휴대전화는 우리가 훨씬 많이 사용했으니까요. 삼성이 아이폰을 먼저 만들지 못한 이유는 융합성을 단순함으로 전환시키지 못했기 때문입니다. 단순함이라는 디자인 미덕에서 애플처럼 단련되지 않은 것이지요. 단순함은 머리로만 되는 것이 아닙니다. 거기에는 직관이 가미됩니다. 가장 능률적이지만, 가장 단순한 모습이 자연 속의 디자인입니다. 우리 눈이 얼마나 단순한가요? 그러나 사실 눈은 얼마나 복잡한가요? 단순함은 융합성을 그 자체로 내장합니다. 디자인을 몸에 구현해야 하는 동물들에게는 단순함이 생존과 직결됩니다. 자연은 아름답지만, 결코 안전한 곳이 아닙니다. 위급한 상황에서 가장 빠르게 움직여야 합니다. 이때 중요한 것이 단순함입니다. 이 세상에 핵폭탄이 터져도 살아남을 수 있는 것은 단세포생물들입니다. 가장 단순한 것만이 살아남습니다. 그런 의미에서 우주를 끝까지 지켜낼 생명은 인간이 아니라 단순함을 가장 잘 성취한 생명들일지 모릅니다. 식물도 마찬가지입니다. 가장 단순한 디자인에 모든 것이 다 담겨 있습니다. 벼는 쌀 한 톨에 자신의 정보를 모두 담아냅니다. 어떤 이는 이 단순한 쌀 한 톨에서 우주를 읽어내기도 합니다.

건축가 루이스 설리번은 형태는 기능을 따른다는 말로 유명합니다. 이것이 장식을 덜어내는 빼기의 디자인에 공헌한 말이지만, 디자인의 가치를 담은 단순함인지는 확인하기 어렵습니다. 르코르뷔지에는 '집은 살아가기 위한 기계'라고 주장합니다. 그에게 집은 자연이 아니라 비행기나 선박 같은 기계였습니다. 산업디자인이 태어날 즈음 이런 생각은 시대적인 흐름이었습니다. 그러나 당시의 건축가나 디자이너는 단순함이 복잡함을 융합시킨 것이라는 사실을 눈치 채지는 못했습니다. 더욱이 그것이 건축이라면, 단순함 속에 내장해야 할 복잡성은 매우 많고, 이런 디자인이라면 기계적인 디자인이 될 수 없다는 데까지 생각이 미치지 못한 것입니다.

기어 다니던 생명이 처음 날아오른 사건은 단순한 디자인인 날개로 형상화되었지만, 날기 위하여 몸이 겪어야 하는 상황은 혁명적일 수밖에 없습니다. 날기 위해서 몸무게를 줄여야 하고, 날개를 쓰기 위해 근육의 발달 방법을 달리해야 합니다. 단순함은 파격성과 융합성을 포괄하는 디자인의 핵심적인 화두입니다.

우리 건축은 디자인의 이런 속성을 매우 잘 보여줍니다. 한옥은 매우 단순합니다. 뼈대가 만들어지면, 거기에 지붕을 얹고 문을 달면 그만입니다. 하지만 한옥의 이 단순함이 얼마나 압축적인 융합과 파격을 담고 있는지 볼 필요가 있습니다. 우리는 원래 어떤 용도로 하나의 공간을 쓰기 위해서는 하나의 건물을 통째로 썼습니다. 그러니까 사찰의 대웅전에 들어갔을 때처럼 방 하나가 건물 하나인 형태였던 것이지요. 그러니 부엌도 별도의 건물로 독립되어 있었습니다. 물론 대청 대신 마루방을 별도로 만들어 살았습니다. 그런데, 우리는 구들이라는 난방 방식을 통하여 이런 모든 것을 하나로 융합했습니다. 부뚜막을 매개로 하여 부엌과 방이 융합되었고, 구들을 매개로 집과 난방기구가 융합되었고, 마루방과 구들방이 하나로 결합되었습니다. 그리하여 종국에는 정자인 누마루까지 하나의 건물에 장착되면서 마치 다양한 기능을 담아낸 아이패드처럼 전통한옥이 만들어진 것입니다. 특히 마당의 단순성은 건축의 개념을 일거에 무너뜨리기에 적당합니다. 마당은 아무 것도 짓지 않고 건축을 이룬 것이기 때문입니다. 마당은 아무 것도 없는 빈 터지만, 우리는 여기에 많은 것을 담아냅니다. 한옥은 끊임없이 기능을 융합하는 발전단계를 지나왔습니다. 한옥이 장식에 있어서 빼기 디자인이었다면, 다양한 기능을 복합화 하는 데에서는 더하기 디자인이었습니다. 이는 현재의 통합적인 디자인 가치를 반영한 것입니다. 단순하기 때문에 융합적일 수 있다는 역설의 디자인 정신이 여기에서 나옵니다.

시대의 아이콘, 아이폰

미국의 대표 건축가 프랭크 로이드 라이트 역시 기능을 앞세운 단순함을 추구했습니다. 그는 동시대 다른 건축가들보다 자연에 좀더 친근감을 표했습니다. 그러나 그의 유기적인 자연관에 영향을 준 미술사조가 입체파라는 것은 아이러니입니다. 입체파는 자연을 배제한 기하학적인 입방체를 그렸기 때문입니다. 라이트의 건축 디자인이 자연이 아닌 이성에 기반하고 있음을 알 수 있습니다. 이처럼 이성적 전통이 강한 미국에서 스티브 잡스가 나온 것이 좀 특이합니다.

스티브 잡스는 단순한 디자인을 좋아합니다. 스티브 잡스가 운영하던 애플의 경영철학이 '심플 스틱'이라고 했다는 것을 보면 그에게 단순이란 거의 신앙 같은 것이었습니다. 단순한 막대기. 자신을 쫓아냈던 애플에 다시 돌아와서 스티브 잡스가 주도해서 생산한 모든 제품의 디자인이 심플합니다. 그가 이전 서양의 대가들과 다른 점은 이성 대신 직관을 좇았다는 점입니다. 직사각형의 디자인 모서리에 곡선을 주고, 바닥면 전체에 곡선을 부여한 그의 관점은 분명히 이전의 디자이너와 차이가 있습니다. 아이팟 아이폰 아이패드. 전체 패키지 디자인도 단순하지만, 이를 작동하는 방식에도 단순한 디자인을 적용했습니다. 하나의 버튼을 남기고 모든 버튼을 없앤 것이지요. 인터넷을 할 때도, 노래를 들을 때도 그리고 전화를 할 때도 그 버튼을 누르고 들어갑니다. 다

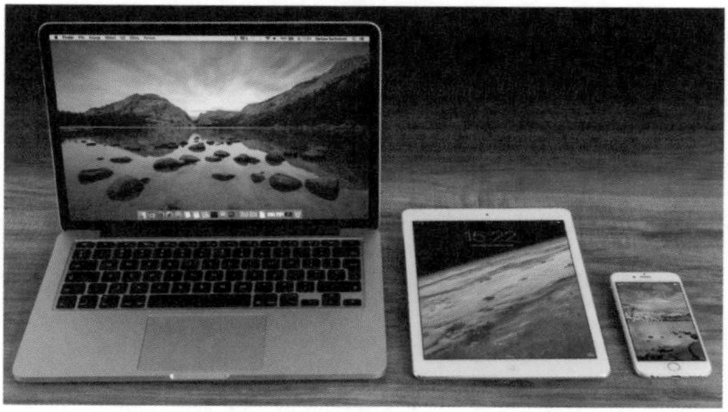

맥북과 아이패드와 아이폰

시 그 버튼을 누르면 원래 상태로 돌아옵니다. 이런 작동방식은 트리구조에 익숙한 이성의 논리적 디자인이 아니라 자연의 직관적 디자인입니다. 아이폰의 출현은 디자인계에서 융합의 가치를 높였습니다. 아이폰은 다양한 기능을 하나에 담아내어 통합의 아이콘이 되었습니다. 여기서 주목할 것은 그의 성공이 그의 디자인 취향에 기초한 것이 아니라는 점입니다. 그는 보편적으로 사람들이 단순한 디자인을 좋아한다는 것을 알았습니다. 디자인에서 단순함은 인간에게 본능인지도 모르겠습니다. 하지만, 단순한 디자인이 태어나는 과정은 결코 단순하지 않습니다. 지성은 단순함에 이르기 위해서 많은 노력을 기울입니다. 때로는 논리적으로 때로는 감성적으로 복잡한 브레인스토밍을 통해서 이곳에 이릅니다. 아마도 직관은 가장 큰 역할을 할 것입니다. 벼가 복잡한 한 해의 과정을 거쳐서 단순한 쌀로 태어나는 것처럼. 복잡함은 단순함에 봉사합니다.

아이폰은 통신기기라는 특성 때문에 소통에서도 혁신적인 발전을 주도하고 있습니다. 디자인을 소통과 통합이라는 차원으로 끌어올린 것입니다. 아이폰이 나오기 전까지 복합적인 휴대전화를 우리나라만큼 선호하는 나라가 드물었습니다. 우리나라 사람들의 이런 특징이 아이티 산업을 끌어올리는 밑천이었지만, 삼성은 이를 단순한 한옥구조로 만드는데 실패했고, 결국 기술이 충분히 있었지만 애플에게 아이티 업계의 리더 자리를 내주어야 했습니다. 복잡한 것을 복잡하게 만드는 것은 누구나 할 수 있지만, 복잡한 것을 단순하게 하는 것은 아무나 할 수 있는 일이 아닙니다. 그것은 이성이 아니라 직관의 영역이기 때문입니다. 누구는 공부가 제일 쉽다고 하잖습니까? 디자인에서 이성이 할 수 있는 일은 생각보다 적을지도 모릅니다. 다른 생명과 달리 인간은 디자인을 대상화하면서 디자인을 통해서 사회의 구성원과 교감하기가 훨씬 수월합니다. 역사 속에서 성공한 디자인은 개인의 유용성을 넘어서 사회적인 가치도 함께 성취해왔다는 점에서 그렇습니다. 디자인에 사회 통합 기능이 내장되어 있음을 암시합니다. 아울러 디자인과 공감 능력이 일정한 관계에 있음도 짐작할 수 있습니다.

우리 건축의 아이콘, 만대루

명성을 듣고 찾아간 사람들을 대하는 만대루의 표정은 덤덤하기만 합니다. 만대루 앞을 가로막고 선 병산의 화려함까지 없었다면, 그 표정에 실망하는 사람들도 적지 않았을 것입니다. 뭐 뻔한 누마루의 지붕이 길게 하나가 보일 뿐이니까요. 섭섭한 마음은 병산서원의 경내에 들어서면 조금 누그러집니다. 좁은 복례문復禮門을 들어서서 만나는 만대루가 다른 느낌을 주기 때문입니다. 낯선 느낌을 안고 만대루 밑을 지나고 몸을 돌려 만대루를 바라보면 느낌이 또 다릅니다. 만대루는 자신의 매력을 조금씩 드러내는 재주가 있습니다. 이제 만대루에 오르면 그 전까지의 만대루와는 전혀 다른 느낌을 방문자에게 선사합니다. 큰 산이 앞을 가로막고 있어 건물 짓기에 적당하지 않은 자리지만, 위치의 불리함을 단순함으로 극복한 것이 만대루의 건축적 뛰어남입니다. 이 단순함에는 한옥이 진화를 지속하면서 만들어낸 디자인 정신이 투영되어 있습니다. 마치 생명이 제 몸을 디자인하여 기능적으로 완벽한 형태로 진화하듯 한옥은 생활 속에서 그렇게 진화해 왔습니다. 만대루는 그런 진화의 끝에서 만난 위대한 디자인입니다. 장식을 모두 털어낸 모더니즘 건축이 지난 세기에 등장한 것을 생각하면 놀랍기까지 합니다.

17세기 세워진 만대루는 기둥을 세우고 그 위에 지붕만을 덮은 매우 단순한 건물입니다. 건물을 유지하기 위한 최소한의 부재만으로 구성되었습니다. 한옥 자체가 많은 것을 융합시킨 건물이지만, 만대루는 여기서 한 걸음 더 나아가 마치 하나의 선에 세상을 담아낸 서예가의 한 획을 느끼게 합니다. 건축에 일필휘지一筆揮之라는 말을 쓸 수 있다면, 딱 거기에 맞는 건축입니다. 단순함이 성취한 것이 무엇인지 보려면 디자인을 해체하여 단순함 속에 담긴 다양한 가치를 하나씩 확인하는 과정이 필요합니다. 단순한 디자인일수록, 더 큰 고민이 숨어있기 마련입니다. 아이폰의 가치를 확인하기 위해 망설임 없이 버튼을 누르고 들어갔던 것처럼, 망설임 없이 만대루로 올라가야 합니다. 전자제품으로서의 아이폰에 관심이 없다면, 아이폰 디자인이 매력적일 까닭이 없습니다. 만대루도 마찬가지입니다. 그저 지나치면서 본 만대루라면, 조금 실망할 수도 있습니다. 기둥이 늘어서고 그 위로 보가 반복하며 올라가 있을 뿐입니다. 그래서 우리는 만대루로 올라서야 합니다. 그 안에

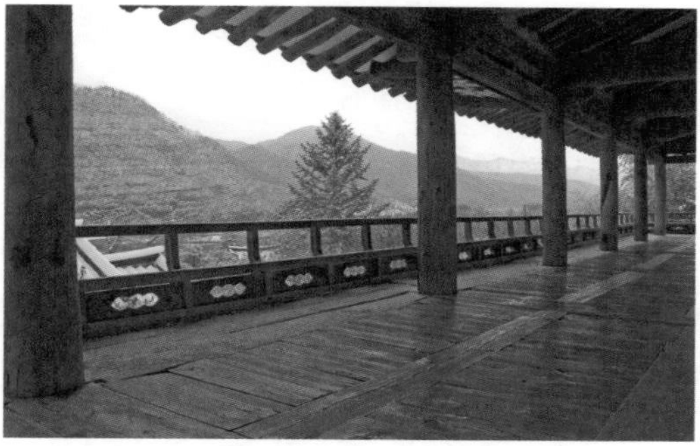

만대루

앉아 병풍에 비유되는 깎아지른 절벽을 바라다보면, 만대루의 첫 번째 건축적 성과를 경험할 수 있습니다. 7개의 간은 기둥으로 분할되어 마치 7개의 고화질 디스플레이가 설치된 느낌입니다. 이 느낌은 글로 전할 수 없습니다. 지붕의 서까래와 기와선이 만드는 수평선은 병산을 가로지르고, 수직으로 도열한 기둥은 끊어진 산과 강이 원래는 하나였음을 암시합니다. 낙동강이 받아낸 풍경과 빛은 만대루 기둥이 만든 액자를 통해서 감상자에게서 훨씬 다채로운 감정의 변화를 이끌어냅니다. 7개의 액자가 디스플레이와 다른 점은 내가 움직이면 화면도 같이 움직인다는 점입니다. 대상과 내가 같이 움직인다는 점에서 이는 우리의 흥을 닮아 있기도 합니다. 눈이 오는 날 병산은 사람처럼 제 어깨 위에 쌓인 눈을 탁탁 털어내기도 합니다. 이는 병산과 만대루의 가까운 거리가 주는 친밀감일 것입니다. 경험이 전제된 아름다움은 쓰임을 기본으로 하는 디자인의 본질적인 가치를 매우 잘 반영한 것입니다.

만대루가 아이폰에 비견될 수 있는 것은 다양성입니다. 만대루는 기능만으로 따져도 강학당의 연장이고, 마당의 연장입니다. 이곳에서는 강학당에서의 논쟁이 이어질 수 있고, 마당에서의 놀이가 이어질 수도 있습니다. 이렇게 다른 공간과 순접관계를 만들 수도 있지만, 마당에서 경을 치는 사람에게 만대루는 역접관계가 되기도 합니다. 마당 문화에 익숙한 우리에게 비어 있는 건축의 중요성은 아무리 강조해도 지나치지 않습니다. 많이 담기 위해서는 많이 비워야 하는 거죠. 만대루는 비어 있음으로 많은 것을 융합해 내고 있습니다. 만대루의 또 다른 건축적 성과는 건물 간의 긴장감으로 나타납니다. 만대루는 교장이 머무는 강당과 학생이 머무는 동서재의 긴장감을 적절하게 유지하는 구실을 합니다. 경사가 급한 곳에 있는 동서재는 만대루 밑으로 급하게 내려가는 기울기 때문에 만대루가 없었다면, 강당과의 관계에서 스승과 제자 사이에서 유지해야 할 예를 감당하기 어렵습니다. 급하게 내려간 경사지를 만대루가 막아섬으로 해서, 강당과 동서재 사이에 예의 공간이 확보됩니다. 또 강당에 앉아 바라보는 풍광이 만대루 덕분에 훨씬 풍부해집니다. 만대루에서 보는 풍경이 고화질 디스플레이라고 하면, 강당에서 보는 풍광은 오케스트라의 연주에 비교할 수 있습니다. 지붕골이 하나의 오브제로 독립되고 그 위 아래로 나뉜 병산은 또 다른 감동을 줍니다. 서양의 건축처럼 벽으로 둘러싸인 만대루를 상상해 본다면, 우리 건축이 도달한 단순함이 얼마나 위대한 디자인인지 알 수 있

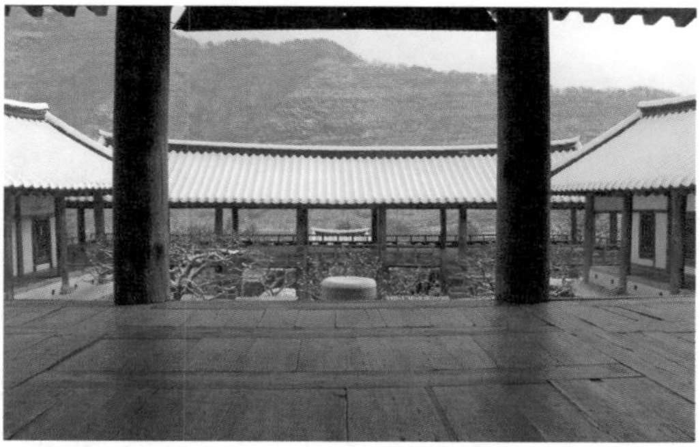

강학당에서 본 만대루

습니다.

그렇다고 만대루가 만대루만으로 성공적인 건축이 된 것은 아닙니다. 만대루 뒤로 이어지는 건축적 안정감이 없었다면, 만대루가 주는 건축적 감동은 심각하게 약화되었을 것입니다. 제자리를 잡고 있는 강당과 동서재의 안정된 뒷받침, 그 뒤를 받쳐주는 작은 산등성이는 만대루가 성취한 단순함을 성공적으로 지원하고 있습니다. 이게 우리가 추구한 흐름으로서의 건축입니다. 만대루는 건축이 담아야 할 많은 수많은 가치를 아주 단순한 형태로 성취했습니다. 그리고 만대루의 또 하나의 위대함인 흐름으로서의 건축은 명재고택을 통해서 이어가보기로 하겠습니다.

흐름(자연): 명재고택과 맥심 그래픽 디자인

영국출신 레이먼드 윌리엄스는 미국으로 가서 끊임없이 흘러나오는 텔레비전 방송을 보고 문화적 충격을 받습니다. 자신이 잠든 그 시간에도 방송은 계속되고 있었습니다. 그가 더 놀란 것은 이 중단 없는 텔레비전 방송이 매우 치밀하고 섬세하게 대중적인 소비를 고려하고, 소비에 연동된 시청자 그러니까 대중의 시간을 관리하면서 프로그램을 내보낸다는 것이었습니다. 하루 24시간 쉼 없이 흘러나오는 미국의 텔레비전은 그에게 하나의 흐름으로 포착되었습니다.

윌리엄스가 본 텔레비전의 소비와 시간 관리는 디자인에서도 그대로 작동됩니다. 끊임없이 소비시키기 위해 드라마가 그런 것처럼 디자인을 바꾸고, 이에 따라 바뀌는 시간을 관리합니다. 이 부분이 재미있습니다. 이게 가능한 것은 디자인이 미디어를 통해서 유포되기 때문입니다. 그리하여 모든 미디어가 메시지라는 마셜 맥루언의 말은 오늘날 디자인에도 그대로 적용됩니다. 모든 디자인이 메시지다. 그리고 개개의 디자인은 이 흐름 속에 놓이는 작은 흐름이 됩니다.

생명은 흐름이다

한옥의 아름다움을 이야기하면, 늘 따라붙는 말이 자연입니다.

그런데 한옥만의 특유한 자연 친화적 건축미가 어떻게 가능한지에 대해 명쾌하게 설명하는 사람은 거의 없습니다. 여기서 그 설명을 시도하자면, 두 가지로 설명이 가능합니다. 하나는 단순함으로서의 건축이고 다른 하나는 흐름으로서의 건축입니다. 하지만 두 개는 하나로 이어져 있습니다. 단순성은 앞에서 보았으니, 여기서는 흐름으로서의 건축만을 살펴보겠습니다. 우리에게 건축은 지붕 선을 매개로 하여 건물의 안과 밖이 하나의 흐름으로 이어집니다. 현대건축에 와서는 공간을 흐름으로 인식하는 것이 전혀 낯선 개념은 아니지만, 과거 건축에서 건축을 흐름으로 보았다는 건 매우 놀라운 일입니다. 이는 우리 건축이 이루어낸 매우 뛰어난 성취입니다. 이처럼 특별한 일이 벌어진 이유는 마당이라는 공간을 포함하는 독특한 건축 개념 때문입니다. 우리에게 건축은 마당, 건물, 건물 주변 그리고 건물 안까지 하나의 흐름 선 상에 놓이게 됩니다. 그 흐름을 감지하지 못하면, 우리 건축의 아름다움을 읽어낼 수 없습니다.

베르그송에 따르면 생명은 지속입니다. 그 지속이 중단되는 순간 우리는 죽으니까요. 그래서 우리가 생명을 인식하기 위해서는 지속 즉 흐름을 인식해야 합니다. 그런데 안타깝게도 인간은 흐름을 인식할 수 없습니다. 논리적인 지성을 통해 진화해왔기 때문입니다. 우리는 흐름 자체를 인식할 수 없고, 그래서 흐름을 끊어내서 고체화해야 이해할 수 있습니다. 지성이라는 게 무언가를 더하고 나누는 것이니까요. 지성의 이런 한계를 넘기 위해서 베르그송은 직관을 제안합니다. 직관은 기하학의 대칭적 사고를 넘어서는 능력인데, 우리 한옥이 이런 직관에 매우 적합합니다. 서양의 건축은 흐름으로서의 건축을 이해하기 힘든 구조입니다. 그들에게 자연은 무질서한 흐름입니다. 그리고 집은 이 자연을 제압하는 최전선입니다. 결국 그들의 전통에서 집은 무질서한 자연과의 투쟁 근거지가 됩니다. 때문에 그들에게 건축은 장갑차처럼 견고한 고체가 됩니다. 고체적인 사고를 가진 지성이 지향하는 건축적 안정감은 대칭적이지만, 디자인이라는 관점에서 보면 이는 지루합니다. 그래서 비대칭적인 안정감이 중요한데, 그것을 앞에서 조화라는 단어로 살펴보았습니다. 실제 우리는 비대칭 속에서 이루어지는 조화로움에서 평화로움을 느낍니다. 저는 한옥의 지붕선을 잡는 방법을 설명하면서 대충이라는 표현을 씁니다. 이는 우리 건축 개념이 다른 나라와 다르기 때문에 불가피하게 생기는 일인데, 이때 대충이 직관이 됩니다. 결국 직관이 도달한 안정은 대칭이 아니라 비대칭입니다. 음악이 대칭이 될 수 없는 것과 같습니다. 음악은 비대칭을 기본으로 하는 거죠. 리듬은 거기에서 나옵니다.

공간은 홀로 존재하지 않는다

이따금 집을 우주에 비교합니다. 시적으로 말하면, 우주에 만물이 깃들 듯, 집에도 다양한 가치가 깃든다고 할 수 있습니다. 중국 한나라 때 나온 시자尸子 하권에서는 천지사방天地四方를 일러서 우宇라고 하고 왕고래금往古來今을 일러서 주宙라고 합니다. 이 둘이 합해져서 우주가 됩니다. 우를 풀어보면, 천지는 바뀔 수 없는 상하의 개념이고, 사방은 이 천지를 구성하는 형태입니다. 정확하게 집의 형태shape입니다. 주를 풀어보면 옛날에서 지금으로 흐르는 시간이고, 이것이 우를 채우는 내용이 됩니다. 그래서 우는 집으로서의 공간을, 주는 그 집을 채우는 시간입니다. 이때 시간을 엮어내는 건 사람과 자연입니다. 대부분의 건축에서는 하드웨어로서의 우宇를 중시합니다. 그게 결연한 집으로서의 본질입니다. 그러나 한옥은 흐름인 주宙를 중시합니다. 이때 중요한 것은 한옥에서는 자연과 사람을 흐름으로 인식한다는 점입니다. 이것이 베르그송이 말한 생명과 이어지는 부분입니다.

여기서 흐름은 세 가지로 접근이 가능합니다. 하나는 자연으로서의 흐름입니다. 한옥에서 자연이 흐름으로 존재한다는 것은 변하지 않는 원칙입니다. 마당을 안고 건물을 보기 때문에 우리에게 건물과 그 안과 밖은 하나의 흐름으로 들어오기 때문입니다. 이때 건물은 흐름 중 하나일 뿐입니다. 움직이는 것에 방점을 찍은 우리 건축은 흐름으로서의 생명을 담아냅니다. 베르그송은 이 흐름을 잡아내기 위해 직관을 중시합니다. 앞에서 지적한 것처럼 우리는 이를 대충이라고 할 수 있습니다. 두 번째 흐름은 시대적인 흐름입니다. 어떤 시대에는 부엌을 따로 지을 수도 있고, 어떤 시대에는 방과 결합하여 쓸 수도 있습니다. 때로는 사랑채가 안채보다 더 중요할 수도 있고, 어떤 시대에는 안채가 사랑채보다 더 중요할 수도 있습니다. 한옥은 시대를 지나오면서 꾸준히 스스로를 진화시켜왔습니다. 한 시대도 같은 모습으로 있지 않았다는 점에서 한옥은 시대의 흐름을 잘 타는 집입니다. 한옥을 한자漢字로 표현한다면, 역易이라고 할 수 있습니다. 많은 지역의 집들이 산업혁명까지 크게 변하지 않고 비교적 원시적인 모습을 유지해왔습니다. 그러나 우리는 시대마다 변화를 주면서 우리가 아는 조선후기의 전통한옥에 이른 것입니다. 디자인은 사람을 구속하는 성질이 있어서, 사람이 디자인에 구속되지 않으려면 디자인이 사람과 함께 흐름을 타야합니다. 그래서 시대적 흐름은 세 번째 흐름인 생활과 밀접한 관계를 맺습니다. 우리 건축에서는 사람조차 흐름으로 있습니다. 그 흐름은 최근 건축에서 이야기하는 단순한 동선이 아니라 좀더 포괄적인 생활이고 생활이 지키려는 생명입니다.

흐름의 디자인, 명재고택

만대루의 디자인 특성을 단순성으로 보았습니다. 그러나 만대루에서 가장 먼저 느끼게 되는 느낌은 흐름입니다. 만대루와 주변 건물의 흐름, 만대루와 병산의 흐름 그리고 만대루와 낙동강의 흐름, 이 모든 것이 만대루라는 건축 공간에서 하나의 흐름을 형성합니다. 병산서원의 단순함에는 이 흐름이 이미 내포되어 있습니다. 성공적인 단순성은 융합적이라는 것을 여기서도 다시 확인할 수 있습니다. 사실 지성을 발달시킨 인간에게 흐름은 때로 매우 복잡합니다. 고체가 아니어서 셀 수도 없고, 정확하게 구획되지도 않기 때문입니다.

논산에 자리한 명재(윤증)고택은 18세기에 지어진 한옥입니다. 복잡한 생활을 담아야 하는 살림집이어서 단순성에서는 만대루를 따라갈 수 없습니다. 그러나 흐름이라는 관점에서 보면, 명재고택이 성취한 건축적 성과가 만대루에 뒤지지 않습니다. 오히려 윤증이 당대의 대표 브랜드 예학자임을 고려하면 그가 성취한 흐름으로서의 건축은 매우 특별합니다. 명재고택이 지어질 당시는 혼란한 시절이었습니다. 임진왜란과 병자호란으로 사회 질서가 무너진 상황에서 사회질서를 다시 세우려던 시도가 예학을 통해 나타났습니다. 그래서 예에 안 맞는 사소한 절차만으로도 시비가 되서 조정에 한바탕 소란이 일기도 했다. 그렇게 경직된 시대에 지어진 한옥이 명재고택입니다.

윤증이 주도하여 지은 명재고택은 예학자로서 예를 내세우면서도 우리 건축이 갖는 흐름을 매우 성공적으로 담아내고 있습니다. 흐름의 건축으로 명재고택을 예로 든 또 하나의 이유는 세간에 유포되어 있는 한옥의 지붕이 뒷산을 닮는다는 원시적인 자연주의를 해소하기 위해서입니다. 명재고택의 지붕선은 산과 전혀 다른 모양입니다. 그렇지만, 산은 물론 주변과의 어우러짐이 자연스럽고 푸근합니다. 그러니까 명재고택의 지붕선은 산을 닮은 것이 아니라 마을 전체의 흐름을 담고 있습니다. 주변의 산세, 주변의 마을, 그리고 마당까지 보면서 그 흐름을 읽어야 저 지붕선에 대한 설명이 가능해집니다. 지금은 읽어낼 수 없지만, 당시 마을의 분위기까지 들어가 있을 수도 있습니다. 서양의 경우 비례가 매우 중요하여, 부분비례를 충실히 하여 전체비례에 도달합니다. 부분비례가 철저하게 전체비례에 종속됩니다. 그리고 전체비례는 철저하게 부분비례의 합입니다. 그러나 우리는 전체를 위해서 부분을 포기하지 않습니다. 부분의 개성을 적극적으로 살립니다. 그리고 그것이 만드는 건축적 흐름을 타고 전체적인 균형을 만들어냅니다. 흐름으로서의 건축을 그대로 받아들인다면 우리 건축에서 부분을 정확하게 잘라내는 일은 어쩌면 불가능한 일인지도 모릅니다.

흐름으로서의 건축은 다른 나라 건축과 한옥을 근본적으로 차이 나게 합니다. 그런데 문제는 명재고택이 중국건축을 추종하는 예학자의 집이라는 점입니다. 그래서 일정한 한계가 느껴지는 것도 사실입니다. 명재고택 여기저기에서 건물을 대칭으로 만들기 위한 노력이 많이 보이기 때문입니다. 건물의 양 날개채에 똑같이 부엌을 두고 툇마루를 두었습니다. 지붕까지 대칭으로 살려냈습니다. 언뜻 보면, 중국의 대칭적 건축을 그대로 답습한 것은 아닌가 하는 생각이 듭니다. 그러나 그가 우리 건축의 흐름을 버린 것은 아닙니다. 건물 내부로 들어가서 보면 좌우가 많이 다릅니다. 생활의 흐름을 놓지 않은 것이지요. 오히려 외부에서의 대칭을 확보하다보니 내부의 변화가 커지면서, 생활의 활력이 더 살아나는 결과가 되었습니다. 안채 옆에 있는 찬광은 비스듬하게 앉아서 바람의 흐름까지 담아냅니다. 그리고 무엇보다 전면에 튀어나와 대

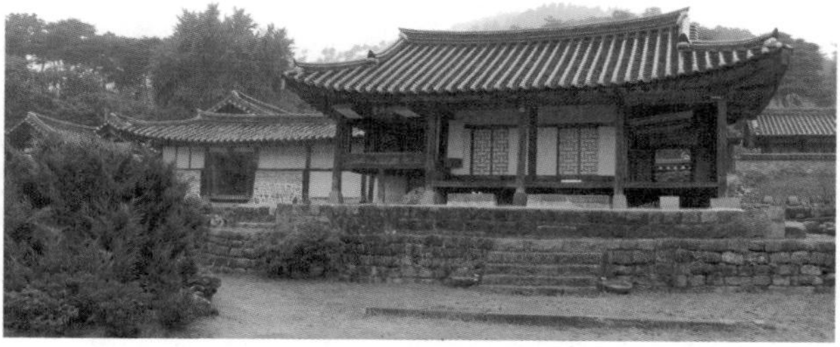

명재고택의 사랑채

칭을 무너뜨린 사랑채는 명재고택 전체를 주변의 흐름 속에 성공적으로 안착시키고 있습니다. 명재 역시 흐름으로써의 건축 개념을 이해하고 있었고, 주변과의 흐름 속에서 건물 배치를 했습니다. 이는 제가 다른 책에서 이야기한 '선험적 건축형식'으로서 마당의 힘입니다.

사랑채에서는 건물의 중앙에 대청을 만들어 대칭을 만드는 대신 과감하게 대청을 한쪽으로 몰아 지었습니다. 비대칭으로 도달한 안정감이 대칭으로 도달한 안정감보다 조화롭고 활기차다는 것을 여기서도 쉽게 확인할 수 있습니다. 이런 조화는 안채로도 이어집니다. 6간 대청만 해도 크다고 하는데, 이곳 안채의 대청은 10간입니다. 대청을 크게 하는 이유는 보통 두 가지입니다. 첫 번째 이유는 여름에 실제 생활이 이루어지는 공간이기 때문입니다. 두 번째는 다른 용도로 전용할 때 부족함이 없도록 하려는 의도입니다. 대청은 단열이 어려워서 겨울에는 생활공간으로 쓰기 어렵습니다. 그래서 과거 우리 선조들은 대청 공간을 시간으로 분절하여 사용했습니다. 이곳은 알곡을 저장하는 장소가 되기도 하고, 제사를 지내고 조상을 모시는 공간이 되기도 합니다. 그래서 거기서 밥을 먹고 잠을 자는 생활을 하지 않는다고 해도 대청에서는 일 년 내내 이벤트가 벌어집니다. 여름공간인 마루와 겨울공간인 구들방을 한 채에 담아내서 건물을 단순화시키다 보니, 기능을 효율적으로 변화시킬 필요가 있었고, 그래서 내부 공간을 시간의 흐름에 따라 다시 기능화 시킨 것입니다. 그 결과 대청은 일 년 열두 달 건축 공간으로 사용됩니다. 이것은 한옥에 나타나는 매우 특이한 현상입니다. 방 역시 수시로 용도를 바꾸어 가면서 쓴다는 점에서 공간이 그대로 시간의 흐름이 됩니다. 이것이 한옥의 또 다른 흐름입니다.

행랑채를 배경으로 선 사랑채가 매우 풍부한 건축적 상상을 자극하면서 명재고택의 전체적인 이미지를 만듭니다. 건축의 흐름이 주변의 흐름과 이어지면서 명재고택은 위풍당당함에도 매우 안정적이고 평안합니다.

맥심 디자인으로 보는 흐름의 디자인

우리 건축미학은 전체 전통예술에 큰 영향을 주었습니다. 막사발의 독특한 아름다움 역시 흐름으로서의 디자인에서 출발합니다. 막사발은 그릇 안, 그릇, 그릇 밖이 하나의 흐름 속에서 읽혀져야 합니다.

당시 흙집에 살던 백성의 집에 막사발이 있다면, 매우 자연스러운 이미지를 획득할 것입니다. 그러나 저 그릇을 일본이 높이는 다상茶床에 가져다 놓고 보아도 역시 그 흐름에도 잘 어울립니다. 흐름으로서의 디자인 그것이 바로 막사발의 비밀입니다. 막사발을 제대로 보려면, 한옥의 지붕선을 보듯, 막사발과 그 주변 그리고 그 안까지 하나의 흐름 속에서 보아야 그릇의 아름다움을 읽어낼 수 있습니다. 하지만, 이런 예를 다른 오브제에서는 찾기가 힘듭니다. 어떤 기물이 저렇게 흐름을 담아낼 수 있을까요? 그래서 우리 건축 디자인의 특성인 흐름과 짝해서 설명할 디자인으로 그래픽디자인을 선택했습니다.

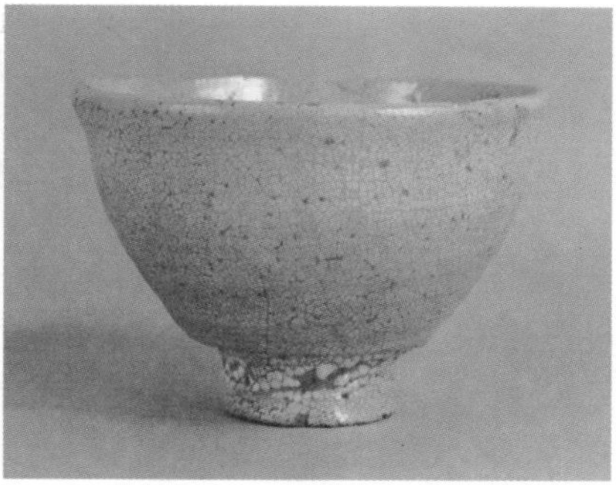
막사발

우리 주변에서 흔히 만나는 맥심 그래픽 디자인은 흐름으로서의 디자인을 매우 잘 소화하고 있습니다. 그래픽 디자인은 포토몽타주의 형태로 오래 전부터 있던 광고 기법입니다. 예술과 디자인 그리고 광고의 영역이 뒤섞인 곳이 아마도 그래픽 디자인일 것입니다. 이는 예술이 자본화되고, 디자인 역시 기호화, 자본화되면서 불가피하게 생긴 현상입니다. 과거 예술과 광고가 반대의 입장에 섰다면, 이제 디자인을 매개

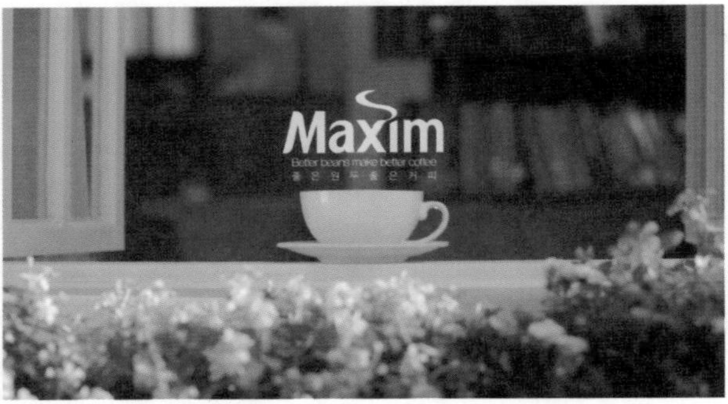

흐름을 담아내는 커피 잔

로 광고와 예술이 매우 유연한 관계를 맺게 되었고, 그 자연스러운 결과로 그래픽 디자인이 등장합니다. 그래픽 디자인을 일반적인 제품 디자인으로 접근하기에는 한계가 있지만, 막사발 같은 디자인을 보기 힘든 상황에서 맥심의 커피 광고는 흐름으로서의 디자인을 읽어 보기에 적당합니다. 커피 잔을 창가에 둔 그래픽에서 커피 잔만 보아서는 매력적이지 않습니다. 그림 속의 커피 잔은 전체의 흐름을 담아두기 위한 매체이고 그 안에 보이지 않는 커피를 잡아내게 하는 것이 디자인 콘셉트입니다. 이는 막사발에서 확인한 흐름으로서의 디자인을 매우 잘 다룬 디자인입니다.

두 번째 디자인을 보지요. 분위기를 조성하는 숲이 보이고 거기 어디쯤 중년의 남녀가 있습니다. 그들에게서는 생의 깊이도 느껴지고 삶의 여유로움도 느껴집니다. 품위도 있어 보입니다. 그 흐름이 숲으로

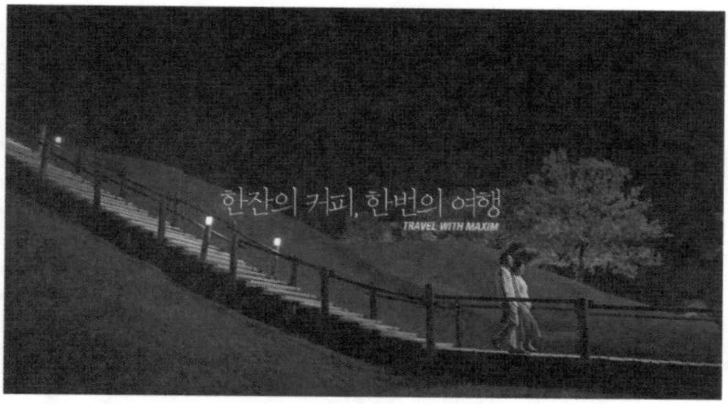

여유로움의 커피

이어지고 아래쪽 모서리에 그려진 커피와 자연스럽게 이어집니다.(디자인 원본을 구하지 못했습니다. 왼쪽 하단에 커피 잔을 그려 넣고 상상하면 좋겠습니다.) 저 디자인을 그려낸 디자이너는 우리에게 커피가 삶의 흐름 속에 있는 매우 자연스러운 일상임을 잘 드러내고 있습니다. 저런 디자인은 외국보다 우리에게 더 호소력이 있을 수 있는데, 이는 우리가 가진 지각능력과 관계있습니다. 이는 주변과 대상을 하나의 흐름으로 읽어낼 수 있는 전체공간지각능력 때문입니다.

우리의 건축적 시야가 다른 나라보다 크다는 것은 충분히 짐작할 수 있습니다. 다른 나라에서 건축은 기껏해야 건물입니다. 그래서 황금비율로 건물을 지으면 아름다운 건축이 되지만, 우리에게 건축은 건물과 주변 그리고 그 안까지 아우르는 흐름입니다. 그러니 건축을 보는 시야가 넓을 수밖에 없습니다. 입식생활을 하는 사람에게 실내공간은 부분적으로 다가옵니다. 모든 가구가 고정되어 있기 때문입니다. 다니는 사람은 자신이 다니는 공간만 보면 됩니다. 그래야 안전합니다. 그러나 좌식 생활을 하는 우리에게는 그게 쉽지 않습니다. 집 안이 계속 바뀌기 때문입니다. 방에 이불이 깔려 있다가 밥상이 들어오면 우리가 인식할 상황이 근본적으로 바뀝니다. 앉아서 생활하다 보니 가구도 낮아집니다. 그래서 가구 위도 계속 변합니다. 주변과 하나의 흐름에 놓일 수 있는 전체 공간지각 능력이 우리에게 있는 것이지요. 이런 전체적인 흐름은 두 가지 관점에서 볼 수 있습니다. 하나는 물건의 디자인과 주변의 흐름이라는 전체이고, 다른 하나는 디자인 자체의 전체적인 흐름입니다. 자연과 문화를 고체가 아닌 흐름으로 인식하는 것은 생태학적인 관점을 내장하고 있습니다. 자연과 인간이 이어진 존재라는 생각은, 이웃과 내가 이어진 존재라는 생각은, 생태적인 디자인은 물론이고 지속가능한 디자인이라는 관점에서도 매우 소중한 아이템입니다.

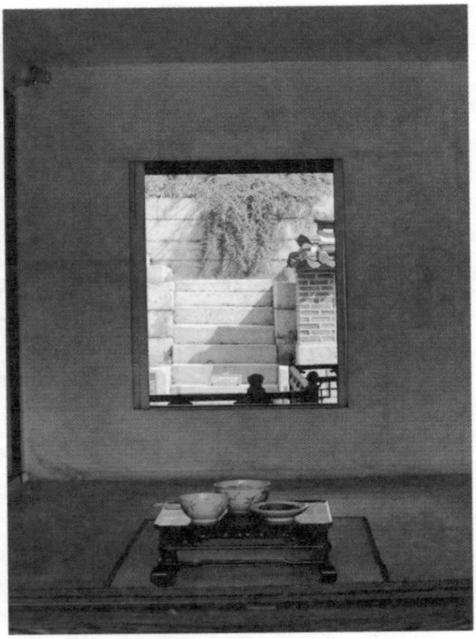

한옥의 흐름

디자인은 형태를 통해 기본형을 만들지만, 이를 완성시키는 것은 색입니다. 그러나 우리는 여기에 하나를 더 추가해야 하는데, 그게 바로 질감입니다. 대부분의 나라에서는 색을 통해 인터페이스를 강화시켜 왔지만, 우리는 질감을 인터페이스로 이용하는 경우가 많기 때문입니다. 영화 〈가위손〉의 배경이 된 작은 마을을 기억하는 분이 계실지 모르겠습니다. 큰 도로를 사이에 두고 늘어선 집들은 분홍색 연두색 등 다채로운 색을 입고 있습니다. 색에 대한 그들의 미적 감수성을 건축에 그대로 드러낸 것입니다. 우리 전통한옥에서는 집에 색을 칠하는 경우가 거의 없었습니다. 그렇다고 색이 없는 것은 아닙니다. 재료 자체의 색을 유지하기 때문입니다. 나무는 나무대로, 흙은 흙대로 자신의 색을 그대로 보여줍니다. 바탕색은 근본적으로 간접조명과 관계있습니다. 물건 자체의 성질, 즉 물성을 드러내주는 것은 간접광선이기 때문입니다. 직사광선은 오히려 물성을 없앤다는 점에서 우리의 미적 감수성과 잘 어울리지 않습니다.

우리는 원색보다 개개의 특성을 담은 바탕색(소색)을 즐기고, 서양과는 달리 형태에서도 기하학적 질서를 무너뜨려 물성을 확보하는 경향이 있습니다. 그런데 최근 서양 미술에서도 미묘한 변화가 감지되고 있습니다. 미술에서 색이 차지하는 비중은 여전히 높지만, 현대미술에서 질감은 점점 중요한 요소로 자리잡아가고 있습니다. 이런 경향은 오브제 자체를 감상의 대상으로 여기면서 확대되었고, 다양한 재료로 미적 감수성을 표현하려는 태도와도 밀접하게 이어져 있습니다. 이는 디자인에서도 마찬가지인데, 디자인에서는 미술에서보다 질감이 중요합니다. 그 까닭은 단지 감상을 하는 예술과 달리 디자인에는 구체적인 사용자가 있기 때문입니다. 그래서 대중 소비시대라고 하지만, 현대 디자인에서 구체적인 개인의 감수성을 만족시켜주는 일은 매우 중요합니다. 디자인이 필요에서 기호로 이동하면서 그 가치는 더 확대되고 있습니다.

질감은 색보다 문화적입니다. 색이 보호색처럼 생존과 관계된다면 질감은 감성적인 부분과 관계됩니다. 고양이에게는 자기가 좋아하는 자리가 있습니다. 포근하게 느끼는 자신만의 질감을 선호하는 거죠. 거친 나무를 좋아하는 벌레도 있고, 매끈한 나무를 좋아하는 벌레도 있습니다. 디자이너에게 이 점은 매우 중요합니다. 언뜻 생각하면 형태와 디자인은 결국 시각적 정보로 귀결되지만, 문제는 우리 눈이 그리 완벽하지 않다는 데 있습니다. 우리 눈은 마음과 한 쌍이어서 자기가 보고 싶은 것을 보려고 합니다. 시각은 다른 매개 감각이나 의식과 함께 작동합니다. 즉 어떤 것에 대한 기억을 좋은 추억으로 갖고 있다면, 내 눈에는 그것이 먼저 들어옵니다. 디자인이 기본 목적인 도구로서의 성격을 포기하지 않는 이상, 생명의 가장 기본적인 감각인 촉각을 무시해서는 안 됩니다. 앞에서 형태는 '기능 + α'라고 했는데, 질감은 당연히 이 알파에 들어갑니다. 더구나 인간의 디자인은 이미 자연에서 너무 멀리 떨어져 나왔습니다. 그래서 이제 보이는 것만이 아니라 보이지 않는 것까지 고려해야 합니다. 수줍지만 씩씩한 아이, 섹시한 요조숙녀처럼 도무지 반대가 되는 이미지를 하나의 디자인에 담아야 하는 상황까지 발생합니다. 이는 시각만으로는 감당할 수 없는 영역입니다. 디자인을 '사물이 어떻게 존재하는가?'에 대한 철학적 물음이라고 적은 글을 본적이 있습니다. 아마도 이것은 서양적인 사고에 기초한 질문일 것 같습니다. 우리에게 디자인은 그보다 좀더 동적입니다. 즉 '어떻게 존재하는가?'가 아니라 '어떻게 움직일 것인가?'라고 묻는 것이 나을 듯합니다.

질감으로 승부한 디자인, 빙열문

질감을 살린 디자인을 만날 수 있는 곳으로 창덕궁의 낙선재가 있습니다. 헌종의 사랑 이야기가 남은 곳이지만, 낙선재는 그리 화려하지 않습니다. 익종(효명세자)이 왕위에 오르기 전에 숨을 거두자, 헌종이 어린 나이에 왕위에 오릅니다. 후사가 귀했던 왕실은 서둘러 혼사를 치렀지만, 첫 번째 왕비인 효헌왕후는 결혼한 지 6년만에 죽음을 맞습니다. 명헌왕후가 들어와 두 번째 왕비가 됩니다. 그런데 결혼하고 3년이 지나도록 세자를 낳지 못하자 헌종은 후궁을 들이기로 결심합니다. 대왕대비의 뜻을 받아 헌종은 전국에 금혼령을 내립니다. 그러나 사실을 알고 보면 이는 형식적인 것이었습니다. 헌종은 새 장가를 가겠다고 마음먹었을 때 이미 마음에 두고 있던 여인이 있었습니다. 두 번째 왕비(계비)인 명헌왕후를 부인으로 맞이할 때 있었던 일입니다. 결혼을 할 여인을 간택할 때 결혼할 당사자는 관여하지 못합니다. 그것이 법도였지요. 그런데, 계비인 명헌왕후를 간택하는 자리에 왕이 우격다짐으로 참석합니다. 추리고 추린 여인 셋 중 마지막 한 명을 뽑는 자리였습니다. 그런데, 할머니인 대왕대비가 선택한 여인과 헌종이 마음에 든 여인이 달랐습니다. 그러나 간택권은 헌종이 아닌 할머니에게 있었기 때문에 제아무리 왕이라도 어쩔 수 없었습니다. 그는 마음에 담아 두었던 여인을 포기해야 했습니다. 그녀가 경빈 김 씨입니다. 그리고 이제 명헌왕후가 아이를 낳지 못한다는 핑계로 경빈 김 씨를 맞아들이려고 작정한 것이지요. 이미 왕비가 있는 상황이라 경빈 김 씨는 후궁으로 궁궐에 들어옵니다. 하지만, 정식 결혼을 한 여인이어서 모든 면에서 명헌왕후와 비슷한 대우를 받습니다. 왕의 사랑을 듬뿍 받은 것은 물론입니다. 헌종은 새로 아내를 맞이하여, 자신이 기거할 낙선재를 짓고, 사랑하는 아내를 위해 그 옆에 석복헌을 짓습니다. 두 건물은 안쪽으로 이어져 있어서 사실 한 집입니다. 다른 나라 건축에 비해서 화려하지 않다고는 하지만, 일반인이 사는 살림집에 비교하면 으리으리합니다. 문창살도 특별하고, 문도 특별합니다. 거기에 세자를 빨리 낳기 바라는 마음을 담아서 집 여기저기 상징적인 장식을 하는데, 이것도 집에 화려함을 더 했습니다.

여기서 보려는 것은 낙선재 누마루 밑의 빙렬문氷裂紋입니다. 빙렬문은 얼음이 깨지는 순간을 디자인한 문양으로 누마루 밑에 있는 화방벽의 디자인입니다. 화방벽은 아궁이의 불꽃이 튀어 화재가 나는 것을 막기 위해 설치한 벽입니다. 그런데 빙렬문이 후궁이 사는 석복헌에 없는 것을 보면, 여자에게 찬 것이 좋을 리 없기 때문인 듯합니다. 같은 맥락에서 보면 헌종의 양기를 조절하는 상징적 의미도 있을 것 같습니다. 디자인이라는 관점에서 보면 빙열문에는 우리 고유한 디자인 감각이 남아 있습니다. 그 문양은 단순히 깨진 얼음을 디자인 한 것이 아니라 만물이 소생하는 봄이 올 때쯤 강물을 밟았을 때 쩡 소리를 내며 갈라지는 그 순간을 담고 있습니다. 디자인이 매우 동적입니다. 얼음에서 느껴지는 질감을 그대로 담아냈습니다. 과거에 디자인의 일부에 무슨 색을 칠한 흔적이 있지만, 전체적으로 보면 빙열문을 통해 우리의 질감을 드러내려 했던 것은 분명합니다.

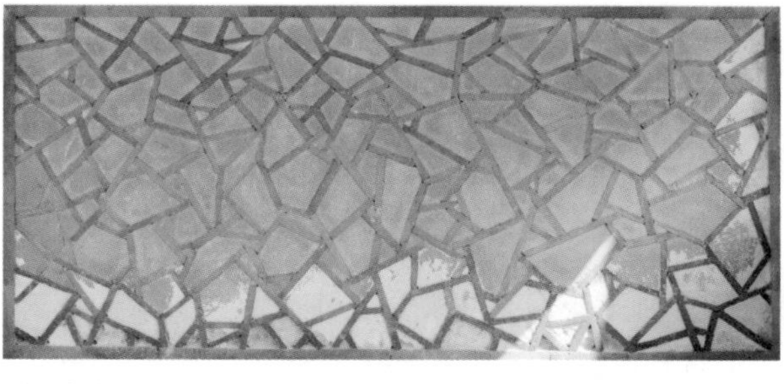

낙선재 빙열문

질감을 이야기하면, 중세 서양에서 신의 은총을 황홀하게 표현하려 쓰던 재료미학을 빠뜨릴 수 없습니다. 그러나 이들이 사용한 장식재료에서 질감의 가치는 우리 것과 많이 다릅니다. 당시 황금과 같은 재료는 재료의 질감보다는 재료의 가격과 빛을 반사하는 정도에 초점이 맞추어져 있었습니다. 황금처럼 비싸고 빛나는 재료를 썼다는 점에서 여전히 직사광선의 연장선상에 있습니다. 실제 르네상스 시대로 들어가면, 빛을 그리기 위해 동원한 금빛 찬란한 재료미학은 물감을 통한 색으로 대체됩니다. 빙렬문이 원나라 기록에 남아 있는 것을 보면 빙열문이 우리의 고유의 것이라고 할 수는 없습니다. 그러나 중국 기록에 나오는 빙열문이 질감을 강조한 것이 아니라는 점에서 낙선재의 질감은 우리의 미적 취향을 드러낸 것으로 볼 수 있습니다. 원나라 기록에는 바람을 통하게 하는 통창의 창살 문양으로 빙렬문이 나타납니다. 그런 점에서 보면 오히려, 추사가 죽기 며칠 전 썼다는 글씨 판전에서 느낄 수 있는 질감의 연장선에서 빙렬문을 보는 것이 좋을 것 같습니다.

질감으로 승부한 디자인, 베가 아이언

합성 인공재료가 시시각각 등장하면서, 재료에서 느껴지는 질감이 다양해졌습니다. 그래서 질감이라고 하면 인공적인 질감을 포함하는 게 이제는 너무 자연스럽습니다. 재료에서 진실을 보려는 서양식 순혈주의가 이제 더 이상 유지되기 어렵습니다. 신을 드러내기 위해 휘황찬란한 순금을 쓰는 일이 이제는 큰 의미가 없는 거죠. 이 말은 서양에서 질감의 개념이 과거와는 좀 다르게 쓰인다는 의미이기도 합니다. 질감에 대한 태도도 시대에 따라 변할 수 있습니다. 질감의 변화를 잘 받아낸 업체가 노키아입니다.

과거라면, 차가운 물성의 상징인 쇠를 늘 손에 들고 다니는 제품에 사용한다는 것이 상식적으로 받아들여지기 쉽지 않습니다. 그러나 노키아는 다른 업체에서는 꺼려하던 메탈을 휴대전화의 본체로 사용했습니다. 메탈 자체에는 색이 없지만, 빛을 반사하는 능력이 있어서 별도의 장식이 없어도 화려한 디자인이 될 수 있습니다. 이것이 메탈의 장점입니다. 서양에서 기능 위주의 모더니즘 건축이 가능했던 것은 철과 유리가 건축 재료로 이용되면서부터입니다. 철과 유리는 그 자체로 충분히 장식성이 있습니다. 이때 장식성은 빛과 관계있지만, 철과 유리가 갖는 독특한 질감도 한몫했습니다. 노키아는 쇠가 갖는 질감의 가능성을 확인하고 승부를 걸었습니다. 물론 노키아의 메탈 디자인에 대한 승부수는 성공했습니다. 노키아 것은 아니지만, 팬택의 베가 아이언의 광고를 통해서 디자인이 얼마나 많은 것을 고려해야 하는지 생각해볼 수 있습니다. 다음은 광고의 대사입니다.

메탈에게도 영혼이 있다면

물불을 두려워 않고 뛰어드는 용기와

어떤 시련에도 상처받지 않는 강인함
차갑지만 약한 자를
감싸 안는 따뜻함을 가졌을 것입니다.

단언컨대
메탈은 가장 완벽한 물질입니다.

베가 아이언

질감은 정서와 밀접한 관계가 있습니다. 아이가 어머니 품에 안기는 것은 어머니 품의 아늑한 질감 때문입니다. 색이나 형은 거기에 들어갈 여지가 작습니다. 그래서 질감은 정서와 매우 밀접합니다. 우리 시대에 메탈이라는 질감이 주는 정서가 성공한 것은 우리 생활이 실내 위주로 진행되면서 가능했던 것으로 보입니다. 외부의 날씨가 춥든 덥든 우리는

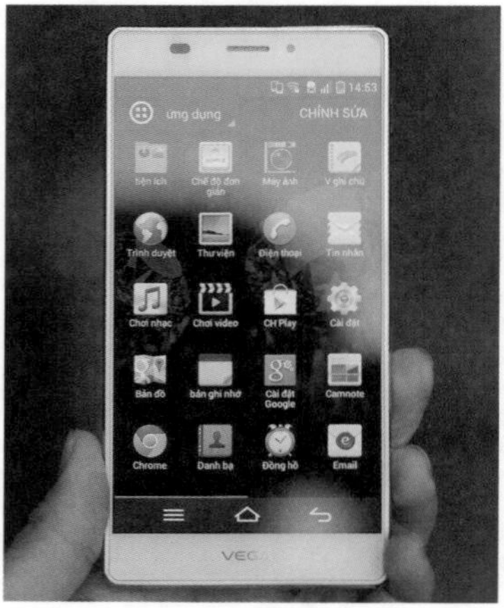

베가 아이언

비교적 일정한 온도를 유지하는 실내 생활을 합니다. 생활 패턴이 그렇다면, 메탈의 차가운 성질은 상대적으로 장점이 될 수도 있습니다. 창조적인 디자이너라면 그 디자인을 통하여 디자인을 소비하는 사람과 어떻게 정서를 공유할 지 궁리합니다. 나오토 후카사와의 디자인에서도 질감은 중요한 자리를 차지합니다. 그는 원재료의 색과 질감을 그대로 살리고 다른 패턴을 제거하여 상품이 전하는 정서를 간결하게 합니다.

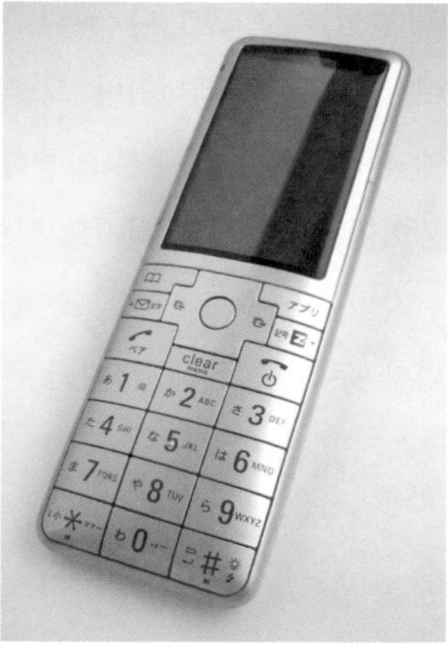

나오토 후카사와의 디자인

질감은 정서와 밀접하게 관련되기 때문에 상황에 따라서 질감은 디자인 전체를 압도할 수도 있습니다. 우리는 그런 예를 청바지에서 볼 수 있습니다. 청바지는 진이라는 자신의 질감을 고수하면서, 다양하게 이미

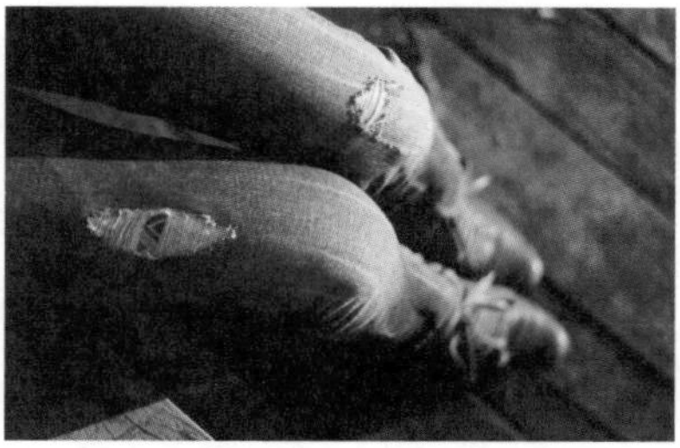

청바지

지 변신을 시도합니다. 진의 질감을 강조하는 정서는 일부러 원단을 찢어서 형태를 파괴하거나, 오물을 칠해서 질감을 강조하기도 합니다. 아예 상품이 속한 범주를 이동하기도 합니다. 옷을 넘어서 진을 이용한 필통이나 지갑이 유행하기도 했습니다. 질감을 이용한 디자인은 전문적인 디자이너가 주도하지만, 소비자의 창의적인 소비패턴에서 나오기도 합니다. 우리는 그걸 청바지의 무수한 변화에서 만날 수 있습니다.

예술(리듬): 개심사 심검당과 필립 스탁

디자인 예술일까?

나는 브라크와 몽드리앙의 그림을 구별할 수 있을 정도로 유식한 사람들이 그들의 삶과 환경을 형상화하고 그리고 매일의 일상생활에 부딪치는 낯익은 양태들을 창조해내는 예술가들의 이름에 대해 전혀 무식하다는 사실에 충격을 받곤 한다. 예를 들어 1940년대와 50년대 어떤 미국인들은 그들 생활의 대부분을 완전히 단 한 사람, 즉 레이몬드 로위가 디자인한 제품과 기계에 둘러싸여 지냈을지도 모른다. 결국 로위의 이 같은 활동은 디자인계의 경쟁을 촉발시켰고, 이에 따라 이제는 예전의 로위 시대처럼 우리의 삶의 환경이 한 작가에 의해 창조되는 것이 불가능해졌다. 미술에 대해 안목이 있는 사람들은 이제 우리가 살고 있는 세계가 로위뿐만 아니라 케네드 파커, 엘리어트 노이스, 피에르 볼랑제 같은 이들의 강력한 시각적 상상력과 설득력 있는 지적 능력에 의해, 일상생활의 환경에 풍요함과 편리함을 더해준 제품들이 디자인되어 왔다는 것을 알고 있다. 디자이너들은 항상 그들이 하는 작업은 사고를 기초로 하고 있다고 강조하지만 누가 뭐라고 해도 디자인은 아이디어 이전에 하나의 예술이기도 하다.

감정이 묻어나는 이 글은 《산업디자인의 역사In good shape (원저)》(열화당)를 쓴 작가 스티븐 베일리가 그의 책 서문에 쓴 글입니다. 그의 이야기처럼 디자인을 예술이라고 할 수 있을까요? 만약 둘 사이에 차이가 있다면 그 거리는 얼마나 될까요? 과거 예술과 디자인은 분명 달랐습니다. 예술 중에서 그래도 디자인과 가까운 미술을 잠깐 보기로 하겠습니다. 과거 미술은 무언가를 만들거나 그릴 대상이 있었습니다. 회화로 축소해서 이야기를 해보지요. 화가는 대상을 보고 느낀 대로 화폭에 그립니다. 그런데 우리는 그림을 생활에 필요한 도구로 쓸 수 없습니다. 이처럼 예술은 필요성을 제거하여 대상을 그려냅니다. 칸트는 자유미와 필요미를 구분하여 예술에게 자유미를 건축을 포함한 디자인에 필요미를 배정했습니다. 레오나르도 다빈치와 동시대 사람들은 대상을 그리는 능력이 매우 뛰어났습니다. 이들은 칸트가 말하는 자유미의 진수를 보여주었습니다. 그러나 이후 레오나르도 다빈치 같은 화가는 더 이상 나오지 않았습니다. 사람들의 능력이 모자라 그런 것은 아닙니다. 사진기의 출현이 더 이상 그런 화가를 필요하지 않게 한 것이지요. 이제 미술은 대상을 예쁘게 또는 그대로 묘사하는 재현에 머물 수 없게 되었습니다. 그래서 예술가들은 현실 세계를 떠나기 시작합니다. 그들이 도달한 곳은 초현실주의 세계입니다. 현대 미술은 그 이전 누구도 간 적이 없던 전인미답의 세계로 들어갔고, 무슨 일이 벌어질지 몰라 불안했습니다. 예술가가 그러는 동안 디자이너는 예술가가 떠나간 현실 세계를 독차지했습니다. 필요를 떠나서는 존재할 수 없는 디자인의 속성 때문입니다. 이때만 해도 아직은 디자인과 예술의 거리는 멀게 느껴졌습니다.

그러나 최근 디자인이 기표화 되면서 디자인은 근본적으로 예술과 혼돈되는 자리에 서게 됩니다. 이제 더 이상 디자인도 필요에 자기를 구속하지 않습니다. 그러니 자기를 묶어놓을 대상도 없습니다. 어느덧 디자인도 예술이 간 초현실의 세계로 이동하고 있습니다. 우리가 눈여겨봐야 하는 것은 디자인이 초현실주의 그림을 흉내 내는 것이 아니라 디자인 자체가 예술이 되어 간다는 점입니다. 다만 차이가 있다면, 자본과 광고라는 두 마리의 말이 끄는 마차를 타고 있다는 점이 다릅니다. 자본이 경매시장을 만들어 '현실 너머로 간 미술'을 불러내 예술이라는 이름을 부여했다면, 디자인은 차분히 자본을 따라가다 보니 어느새 현실 너머에 도착한 것입니다. 하지만, 자본은 예술과 디자인의 마켓을 구분해 놓고 가능한 한 섞지 않으려 노력합니다. 똑같은 디자인이 예술 시장에서 거래되면 예술이 되고, 상품 시장에서 상품을 감싸면 디자인이 되는 것이지요. 예술 시장에서는 단 한 번의 거래로 큰돈이 되지만, 상품 시장의 디자인은 많은 거래를 통해 큰돈을 만듭니다. 어느 쪽도 포기하기 힘든 시장입니다. 그러나 분명한 것은 이제 디자인도 보이지 않는 것들을 생각한다는 점입니다. 오늘날 예술과 디자인은 크게 다르지 않아 보입니다.

디자인 이제 리듬을 담아야 한다

영국의 미학자 제들 마이어Hans Sedlmayr(1896~1984)는 예술의 중심으로 건축을 꼽습니다. 모든 예술이 건축에서 만나기 때문입니다. 그렇다면, 이제 예술의 영역까지 들어선 디자인이라면 당연히 건축에 관심을 가져야 합니다. 디자이너가 우리 전통건축에 관심을 가져야 하는 것은 너무도 당연합니다. 그런데 안타깝게도 우리 건축은 제 모습을 모두 잃어버렸습니다. 슬프지만, 도시에서 우리 건축은 이미 사망했습니다. 그러나 선운사였든가? 통도사였든가? 어느 곳이든 좋습니다. 산자락을 타다 만난 우리의 전통건축은 상처투성이로나마 우리 건축의 흔적을 품고 있습니다. 그 건축들을 잘 들여다보면 거기에서 리듬을 발견할 수 있습니다.

리듬은 예술에서 매우 중요한 요소입니다. 시가 문학의 최고 자리를 차지한 것도 시에 있는 고유한 리듬 때문입니다. 미술이 재현을 포기하면서 달라진 것은 미술 자체가 리듬을 표현하기 시작했다는 것입니다. 이것을 시각적으로 확인시켜준 사람이 칸딘스키입니다. 그의 그림 중 어떤 것을 보면 정말 음악이 흐릅니다. 그렇다고 화폭에서 노랫소리가 나올리는 없고, 그림에 리듬이 있다는 의미가 되겠지요. 앞에서 본 것처럼 우리에게 건축은 하나의 흐름입니다. 지붕 선을 매개로 하여 건물의 안과 밖이 하나의 흐름으로 이어집니다. 그래서 우리 건축은 다른 나라 건축과 다릅니다. 서양의 고전미학에서 부분은 전체의 부분으로만 존재합니다. 부분 균형을 통해 전체 균형을 맞추기 때문에 어쩔 수 없습니다. 그러나 우리 건축에서 완결미는 부분의 불균형을 통해서 도달합니다. 그래서 우리 건축을 부분적으로 보면 도무지 균형이 맞지 않습니다. 부분의 개성이 너무 강해서 오히려 부분적으로 보면 엉망인 경우도 나옵니다. 막 생긴 주춧돌, 기우뚱한 기둥, 울퉁불퉁한 대들보. 하지만 우리는 부분의 불균형을 통해서 전체적인 완결미를 지향합니다. 그래서 서양의 완결미가 블록 쌓기처럼 정적이라면, 우리의 완결미는 끊임없이 움직이며 불균형을 조정해나가는 특성을 갖고 있습니다. 서양에서는 동적인 것조차 정적인 것으로 바꾸어서 봅니다. 즉 움직임조차 움직임을 포착하는 순간으로 환원하여 정적으로 파악합니다. 고흐도 이렇게 정적인 서양미술에 불만이 많았습니다. 그래서 그는 부단히 그림 속에 움직임을 넣으려고 노력합니다.

우리는 왜 고흐를 좋아할까?

우리가 인상파 화가의 그림을 좋아하는 상황은 언뜻 보면 이해할 수 없습니다. 인상파 화가는 직사광선을 그렸기 때문입니다. 그런데 간접광선에 익숙한 우리가 인상파 화가를 꽤나 좋아합니다. 모네, 르누아르, 고흐가 그렇습니다. 이는 우리 디자이너에게 매우 희망적인 부분입니다. 우리의 미감이 세계적인 취향에 독특함을 선사하며 참여할 수 있는 가능성을 보여주기 때문입니다. 우리가 인상주의를 좋아하는 데에는 여러 가지 이유가 있겠지만, 빛의 변화가 우리에게 흥의 변화로 읽힐 수 있다는 점 때문입니다.

고흐와 붙어 다니는 화가가 고갱입니다. 늦은 시기 그림을 그리기 시작했다는 공통점이 있지만, 전혀 다른 기질 때문에 둘은 수많은 사건을 만들어냅니다. 이 사건들은 고흐의 편지로 남아서 우리에게 감동을 주기도 합니다. 둘 사이의 이런 상황은 그들의 작품에서도 그대로 반복됩니다. 고흐와 고갱은 대상을 그대로 그리기보다 변형을 시켜서 그리는 공통점이 있습니다. 그러나 변형시키는 방법에서 큰 차이가 있습니다. 고갱이 대상을 자기 머릿속에서 자기가 주관적으로 다시 구성해서 화폭에 표현한다면, 고흐는 대상을 주관적으로 다시 구성하기보다 대상과 대화하는 쪽을 택합니다. 자연을 대상화하여 무질서로 규정하고, 여기에 질서를 집어넣는 형태가 고갱입니다. 자신의 주관적인 가치를 최대한 끌어내는 것이지요. 이것이 소위 구성주의 미술로 서양의

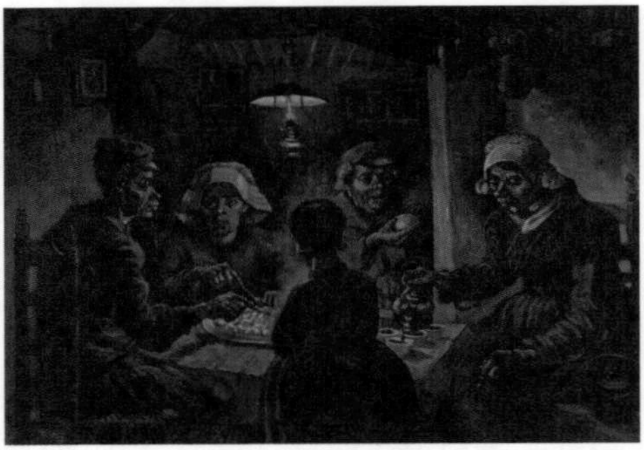

고흐의 〈감자 먹는 사람들〉

플라톤적 사유를 계승하고 있습니다. 이에 비해서 고흐는 대상을 일방적으로 재구성하는 대신 대상과 무언가를 주고받는 대화를 시도합니다. 이 부분이 우리 정서에 닿아 있습니다. '예술에서 제일 훌륭한 주제는 인간이 처한 상황'이라는 고흐의 예술적 태도는 우리 미학에 매우 가깝습니다. 상황을 중시한 고흐는 환경이 바뀌면, 바뀐 환경을 자신의 의지에 맞게 수정하기보다, 바뀐 환경 속에서 주어진 것들과 자신이 새롭게 호흡하면서 작품들을 그려냈습니다.

고흐는 당시 아카데미 인물화를 비판합니다. '모두 같은 방식으로 구성을 매끈하게 해서 더 이상 고칠 곳이 없다. 실수 하나 없는 그래서 더 이상 잘 그릴 수 없는 그 그림에서 새로운 것을 어떻게 찾아낼 수 있을까?' 고흐는 그렇게 반문합니다. 그는 정확함과 아름다움이 별개라고 생각합니다. 해부학적으로 정확하게 그린 사람의 몸뚱이가 농부의 구체적인 삶을 담아낸 육체는 될 수 없다는 것이지요. 그때까지 비례에 맞는 귀족의 손만이 예술의 대상이 될 수 있었던 것은 바로 아카데미 미술의 관점 때문입니다. 그러나 그는 더 이상 비례에 맞는 손만을 그리지 않았습니다. 그에게는 현실의 뒤틀림을 그대로 호흡하면서 받아들이는 게 중요했습니다.

고흐의 눈길은 우리 미학이 도달한 지점을 향하고 있습니다. 우리 건축을 볼 때 우리의 태도가 딱 그렇기 때문이지요. 우리는 아주 잘 지어진 건물을 보면 잘 지었네! 하면, 더 이상 할 말이 없습니다. 그래서 우리는 건물에 일부러 빈틈을 만들고 거기에 흥을 불어 넣습니다. 예를 들면, 잘 다듬은 목재로 기둥을 세우면서도 주춧돌은 뒷산에 가서 딱딱한 돌이면 아무거나 가져다 쓰는 식입니다. 거기서 우리는 작품의 리듬을 찾아냅니다. 우리가 고흐의 그림을 사랑하는 것은 그래서 매우 자연스럽습니다.

앞에서 우리는 한옥을 흐름으로 읽어낸다고 했는데, 이는 대상이 갖는 리듬을 찾아내는 것입니다. 그리고 그 흐름에 참여하는 것을 우리는 흥이라고 합니다. 이것을 저는 다른 책에서 《참여하는 자연주의》라고 했습니다. 그런 의미에서 우리는 그의 색에서도 동적인 무엇을 느낄 수 있습니다. 즉 그에게는 색조차 흥을 닮아 있습니다. 우리는 고흐의 그림을 볼 때 형뿐 아니라 색에서도 흥을 느낍니다. 고흐의 붓질은 다른 인상주의 화가처럼 짧아진 적이 없습니다. 단속적으로 반짝이는 빛을 따라 반복하는 것이 아니라, 대상과 함께 길게 호흡하면서 길게 붓질을 합니다. 그래서 인상주의가 프랑스 화단을 점령한 시기 파리에서 생활한 고흐지만, 그의 붓질은 다른 인상주의자의 붓질과 달리 리드미컬한 표현력으로 가득합니다. 대상의 윤곽이나 형태에서 비교적 자유로운 인상파와 달리 그는 사물 그 자체에 애착을 품습니다. 그는 결코 대상을 포기하지 못합니다. 대상에서 무언가를 상상해내기보다, 대상의 윤곽을 찾아서 보여주려고 합니다. 때로는 그 내부 형체까지 찾아서 선으로 나타내려고 합니다. 대상에 대한 이와 같은 애정과 소통이 우리를 그의 그림 앞으로 끌어내는 힘입니다.

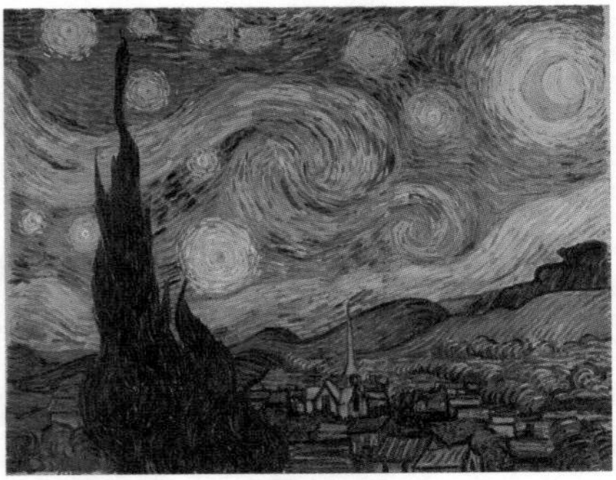
고흐의 〈별이 빛나는 밤〉

예술과 디자인은 반복의 목적에서 차이가 있습니다. 디자인이 반복의 목적인 기능에 관심을 갖는다면, 예술은 반복의 대상 자체에 관심을 갖습니다. 대상 자체에 관심을 갖으며 미메시스(모방) 영역을 독립시킨 것이 예술입니다. 이제 디자인과 예술은 리듬에서 만나게 됩니다. 예술이 더 이상 재현에서 자신의 의미를 찾지 않고, 디자인이 더 이상 기능에 목을 매지 않음으로 그들은 리듬에서 만나게 됩니다. 동적인 디자인, 즉 리듬으로서의 디자인이라면 이는 우리에게 매우 익숙한 것인데, 우리에게 건축은 언제나 흐름이었고 리듬이었기 때문입니다.

흐름을 담은 디자인, 개심사 심검당

서양에서는 건축이라는 대상이 그것을 만드는 사람 앞에 분명하게 자리 잡고 있었고, 이 건축을 인식하는 주체로서의 사람이 분명하게 있었습니다. 그리고 이 대상과 주체를 이어주는 것을 우리는 인식이라고 합니다. 그런데 대상이 불확정적인 우리 건축에서 인식은 대상과 주체를 잇는 고리로 좀 부족해 보입니다. 이때 대상이 불확정하다는 것은 단 하나의 건물로 확정되지 않는다는 의미이지 대상이 없다는 것은 아닙니다. 우리에게는 건축이 건물이 아니어서 건축의 영역이 주변과 명확하게 구분되지 않기 때문입니다. 여기에서 우리는 인식을 넘어서는 어떤 내적 소통이 필요해집니다. 베르그송은 이를 직관이라고 부르지만, 우리 미학에서는 이를 흥이라고 부릅니다. 이를 현대적으로 번역하면 아마도 리듬이라는 표현에 제일 가깝지 싶습니다. 우리는 대상을 통해서 흥을 만드는데 중요한 것은 눈에 보이는 대상의 모습보다 나와 대상에 내재한 움직임입니다. 우리는 이것을 상이라고 합니다. 상이라는 말이 좀 낯설다면 좀더 일상적인 표현을 쓰기로 하지요. 우리는 좋은 친구를 보면 죽이 맞는다고 합니다. 이 부분입니다. 서양에서는 재현이 중요했는데, 이것은 자연을 대상으로 보고 그것(표상)을 그리는 것입니다. 표상은 대상의 모습입니다. 그런데 우리는 자연을 대상으로 두고 재현하는 것이 아니라 우리가 자연의 일부로 참여하면서 즉 표상을 대상으로 하기보다는 자연의 흐름을 타면서 그곳에서 흥으로 만나는 상을 그립니다. 이것은 자연의 흥을 내 흥과 맞추는 것입니다. 죽이 맞는 것이지요. 그것이 밖으로 들어나 예술이 됩니다. 그러나 이 흥은 초현실주의자들이 생각하는 자동기술법과는 다릅니다. 자동기술은 기본적으로 '미친 사람이 다른 사람의 제재 없이 제멋대로 말하는 것'을 그대로 예술로 받아내는 것을 말합니다. 그래서 자신이 정신을 차리면 더 이상 초현실주의자가 될 수 없는 상황에 빠집니다. 하지만 최근의 초현실주의 예를 들자면 르네 마그리트의 그림은 오히려 우리의 흥에 가까운 그림입니다. 즉 대상에서 표상 너머의 것, 즉 상을 찾는 논리가 초현실주의의 목표이기 때문입니다. 이런 관점이라면 우리의 흥은 초현실주의에 닿아 있습니다. 이 흥으로 세상의 이미지를 만들어내는 것이지요. 이것이 우리의 독특한 자연주의입니다.

예술이 재현을 넘어서면 음악이 됩니다. 한옥은 리듬에 가깝습니다. 디자인은 그 자체로 일정한 리듬이 있습니다. 리듬을 성공적으로 담아낸 디자인은 예술성까지 확보할 수 있습니다. 한옥은 그런 면에서 매우 뛰어난 디자인입니다. 하지만, 굳이 예술을 지향하지 않아도 디자인은 리듬을 표현해야 합니다. 우리 일상은 여전히 리듬을 타고 움직입니다. 디자인이 그 리듬을 준비하는 것은 매우 중요합니다.

한옥은 건물과 외부의 공간 그리고 내부의 공간을 하나로 보면서 거기서 공간의 흐름을 타고 리듬을 타는 것이 중요합니다. 사진은 개심사에 있는 심검당입니다. 일반적으로 건물만을 보고 리듬감을 느끼기는 힘듭니다. 하지만, 심검당은 그 자체로 리듬감을 줄 정도로 부재의 변화가 많습니다. 건물을 짓는다는 것은 수평과 수직을 맞추어 나가는 과정입니다. 당연히 다른 나라에서 건축을 할 때는 곧은 부재로 건물을 짓습니다. 이런 부재의 부분적인 비례를 모아서 전체적으로 기하학적인 비례를 뽑아내는 것이지요. 그러나 이런 전형성에서는 리듬감을 찾기가 쉽지 않습니다. 그런 점에서 심검당은 매우 특이한 건물에 속합니다. 심검당은 강한 수평선과 강한 수직선을 취하는 대신, 약한 수평선과 약한 수직선을 결합시켰습니다. 이는 수직과 수평을 곡선을 통해서 도달하는 방법입니다. 리듬을 통해서 수직과 수평에 다가서는 것이지요.

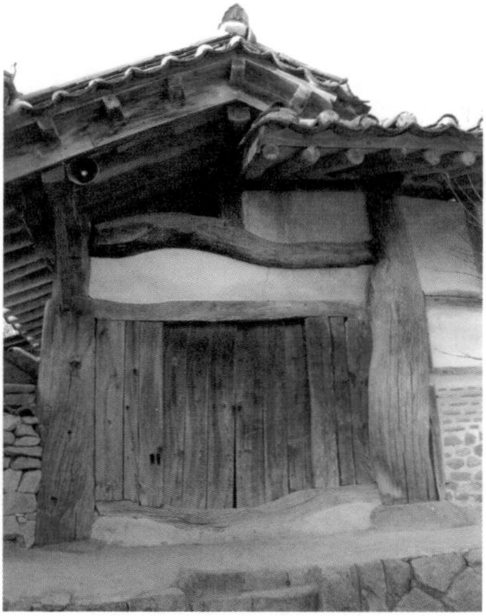

개심사 심검당

지금까지 본 것처럼 우리는 대상과의 호응 속에서 디자인을 그려나가는데, 이것이 리듬으로 이어지는 것은 당연합니다. 심검당은 우리의 흥을 보편적인 리듬감으로 잘 담아냅니다. 기둥을 받친 주춧돌과 그 위에 터 잡고 자라듯 선 기둥은 그 자체로 건물에 리듬감을 부여할 뿐 아니라 보는 사람의 마음에도 율동감을 줍니다. 대체로 우리 건물은 주변과 하나의 흐름 속에서 지어지기 때문에 기본적으로 리듬감을 갖지만, 심검당은 흐름에서 떨어져 나온 건물 자체만으로도 그 흥을 제대로 살려냅니다. 심검당이 만든 리듬감은 단지 굽은 부재를 썼다고 만들어진 것은 아닙니다. 심검당을 짓던 이들이 나무와 돌과 주변과 호응하면서 만든 리듬감입니다. 이런 미적 성취가 우리 시대 디자이너들에게 많은 상상력을 줄 수 있을 것입니다.

필립 스탁, 흐름에 악센트를 주다

필립 스탁은 어려서 그리 두각을 나타내지 못한 다소 엉뚱한 아이였습니다. 나이트클럽의 인테리어 일을 하던 그는 엘리제궁의 퍼스트레이디 방을 인테리어하면서 스타로 발돋움했습니다. 일단 스타가 되자 그에게는 다양한 일거리가 쏟아져 들어왔습니다. 그래서 칫솔에서 건축까지 거의 모든 생활 영역에서 디자인을 해왔습니다. 그렇지만, 대체로 그의 디자인에는 유선형과 익살이 주는 리듬이 있습니다. 그것이 그의 디자인을 돋보이게 합니다. 디자인이 하나의 산업이 되었다는 것을 문득 깨닫는 것도 그의 디자인이 우리에게 가르쳐주는 깨우침입니다.

꽤나 눈에 띄는 때로는 예술적인 디자인을 한 성공한 디자이너지만, 그는 자신은 기능주의자지 시인이 아니라고 주장합니다. 그런데 그의 말을 곧이곧대로 믿기 힘든 것은 그가 비非디자인 개념을 세상에 내놓기도 했기 때문입니다. 디자이너가 사라지고 반복되는 디자인을 그렇게 이야기합니다. 우리가 일상에서 보는 흔한 스탠드 램프처럼 오래 전부터 반복된 디자인을 그렇게 표현합니다. 이 말은 독특함으로 무장한 자신만이 디자이너라는 주장일 수 있습니다. 실제 그는 다른 디자이너는 자기가 퇴짜 놓은 작품을 먹고 산다고까지 거친 표현을 썼습니다. 결국 그가 극구 부인하는 표현을 책에 싣기까지 했지만, 그는 디자인을 전통적인 디자인 개념보다는 좀더 예술 쪽으로 옮겨서 생각했던 것으로 보입니다. 사실 그가 만든 디자인 중에서는 디자인의 가장 기본적인 요소라고 할 기능조차 제대로 충족되지 않는 것도 있습니다. 그가 디자인한 '주시 살리프Juicy Salif'는 과일즙을 짜는 원래의 용도로 사용하기가 쉽지 않습니다. 하지만, 디자인의 본질적인 성격이 바뀌면서 끊임없이 미끄러지는 욕망의 기표가 되어간다는 점을 생각하면 필립 스탁이 디자인 시장의 상황을 얼마나 영악하게 파악하고 적응해가는 지 알 수 있습니다. 스탁은 막 결혼한 신부는 시부모에게 저희가 무얼 선물 받았는지 보라며 주시 살리프를 보여줄 것이라고 상상합니다. 실제 모델 하우스 같은 곳에서 주방에 장식품으로 장식된 것을 본 기억을 갖고 있는 분도 있을 것입니다. 그에게 디자인은 디자인 자체로 중요합니다. 그것이 사람을 더 행복하게 해줄 것이라고 믿습니다. 그러면서 자신은 기능주의

자라면 믿기 힘든 것이지요.

우리는 다른 생명체와 달리 몸이 아닌 도구를 이용하는 생명체입니다. 다른 동물에게 디자인은 자기 자신이며, 외부는 그의 디자인 영역 밖의 것이 됩니다. 즉 외부의 디자인과 자신은 어떤 관계도 없는 것이지요. 그러나 인간은 인간이 디자인한 집에서 살고, 그 집에 인간이 디자인한 책상, 밥상, 침대를 진열합니다. 거기에 앉아서 책을 보고 밥을 먹고, 침대에 누워서 텔레비전을 보고 잠을 잡니다. 우리의 하루를 잘게 나누어주는 것도 인간이 만든 시계입니다. 시계를 보고 갑자기 뛰기도 하고 한숨을 쉬기도 합니다. 이 모든 것이 디자인 된 세계입니다. 인간에게 디자인은 실용 이상의 가치를 갖는 것이지요.

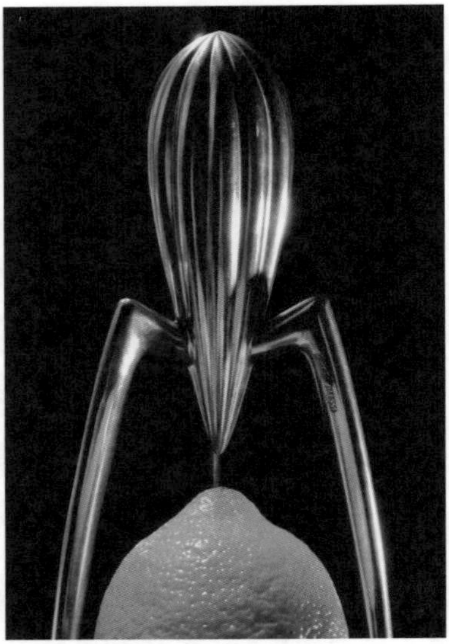
주시 살리프

실용주의자임을 천명하지만, 필립 스탁은 앞에서 본 것처럼 디자인의 미적 기능을 강화하고 어느새 디자인 자체를 추구하는 경향을 보입니다. 프랑스인인 그는 프랑스 공학이 가장 효율적이거나 상업적인 것은 아니지만, 가장 우아하며 지적인 생산을 한다고 주장합니다. 세계에서 가장 아름다운 공학이라나요. 그래서 프랑스 공학은 시적이라고 주장합니다. 그의 디자인은 다른 디자인의 흐름에 액센트를 주는 구실을 합니다. 일본 아사히 빌딩 꼭대기, 그러니까 검은색 빌딩 위에 있는 오렌지 색 당근 같기도 하고, 누군가 급하게 똥을 싸고 지나간 것 같은 디자인은 디자인의 현대적 의미를 매우 잘 간파한 것이라고 할 수 있습니다. 그는 이런 부정형의 형태를 스타크리starckerie라고 불렀는데, 그의 디자인에서는 이런 부정형 형태가 많이 나타납니다. 이 건물이 공식적으로 개장한 다음 날 아사히 회장이 스탁에게 전화를 걸어서 뉴스마다 건물이 소개되면서 주식 가치가 올랐다고 칭찬하면서 스탁은 벌써 디자인 값을 했다고 전했다고 합니다. 건축이 기능만이 아님을 잘 간파

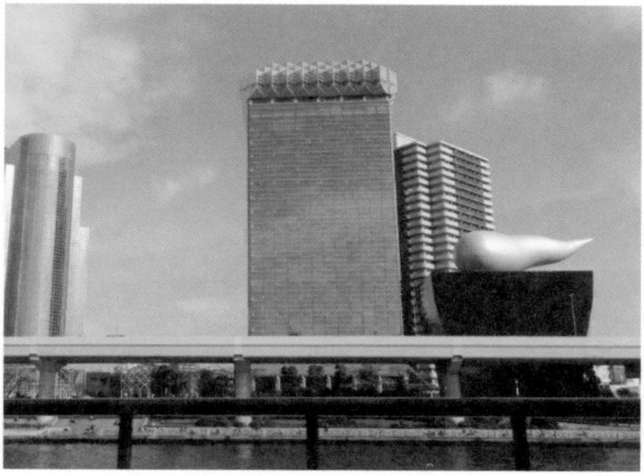

아사히 빌딩의 스타크리

한 스탁에 대한 칭찬일 것입니다. 그래서 그의 디자인은 순수기표가 되기도 하면서 예술과의 경계를 허물어뜨리고 있습니다. 생활은 이성만으로 유지될 수 있는 영역이 아닙니다. 그래서 디자이너는 수학자와 다릅니다. 생활은 논리적이기도 하고 감성적이기도 합니다. 디자인은 다양한 감성과 교류해야 합니다. 그것이 공간의 흐름을 넘어서 생활의 흐름까지 짚어내는 방법이 될 것입니다. 필립 스탁은 자신의 독특한 디자인 세계를 만들었지만, 그는 어쩔 수 없는 서양 사람입니다. 그는 '내 모든 것을 프랑스 공학의 정신과 천재성에 빚지고 있다.'고 말합니다. 레이몬드 로위에서 최근의 필립 스탁까지, 그들이 추구한 디자인 영감의 근원은 공학입니다. 하지만 그들이 추구했던 지점을 생각하면서, 우리는 필립 스탁의 디자인을 주의 깊게 살펴볼 필요가 있습니다.

04
한옥의 공간구성원리로 보는 토탈디자인

과거 건축에서 난방과 건축은 다른 개념이었습니다. 그러니까 건물, 난방, 취사가 별개의 기능으로 구분되어 발전되는 것이 일반적인 인류 역사입니다. 그런데 한옥은 이를 하나로 묶어냈습니다. 이것을 가능하게 한 것이 구들입니다. 이것이 앞에서 말한 디자인의 요소들, 그러니까 기능 단순 융합 정서 등을 모두 하나로 묶는 힘으로 작용했습니다. 건축은 우리의 생활과 태도 그리고 문화에 매우 직접적이며 지속적인 영향을 끼쳐 왔습니다. 앞에서 우리는 디자인이 생명을 통제한다는 것을 보았습니다. 따뜻한 구들 위에서 함께 모여 사는 사람들과 추위 속에서 혼자 떨며 사는 사람의 정서가 같을 수 없습니다. 집은 우리의 문화와 정서에 직접적이고 전면적인 영향을 미칠 수밖에 없습니다. 그리하여 한옥은 우리 디자인을 형성한 매우 중요한 아이템입니다. 한옥은 땅이 바뀌면 집이 바뀌고 주변이 바뀌면 다시 집이 바뀝니다. 마치 이야기를 듣는 사람 따라서 이야기의 표현과 설명 방식을 바꾸는 능숙한 이야기꾼처럼 상황에 민첩하게 대응합니다. 우리가 한옥을 유심히 살펴야 하는 까닭입니다. 한옥은 마치 메뚜기가 변태를 하는 것처럼 자신의 몸을 끊임없이 변화시키며 디자인해왔습니다. 차이의 반복을 한옥만큼 성공적으로 시도한 건축을 만나기 쉽지 않습니다. 다른 나라와 같은 움집에서 진화를 시작했지만, 한옥은 전혀 다른 형태와 기능을 장착한 집으로 발전했습니다. 이런 독특한 한옥은 디자인이라는 관점에서 매우 다양한 가치를 담고 있습니다. 이 다양한 가치는 한옥의 특별한 공간구성원리로 남았습니다. 지금부터는 한옥이 갖는 독특한 공간구성원리를 통하여, 지금까지 살펴본 다양한 디자인 개념을 조감하면서 토탈디자인으로서 한옥을 살펴보기로 하겠습니다.

영성에 관심을 가져라

한옥에서는 공간을 디자인할 때 사람만이 아닌 영성을 위한 공간도 함께 예비했습니다. 조상신을 위해 사당을 별도로 두기도 했지만, 영성을 위한 좀 더 보편적 공간은 살림집 내부에 두었습니다. 한옥의 공간구성 원리 첫 번째는 바로 이 영성에 대한 믿음입니다. 인간에게 의식과 구분되는 영성이 있는가에 대한 논란은 지속되고 있습니다. 동물도 생각을 한다는 것은 이미 다양하게 확인되었습니다. 최근에는 원숭이에게서 전략적 선택을 위한 반성이 이루어지는 것도 확인했습니다. 이제 인간과 다른 동물을 구분하는 마지막 영역으로 남은 것이 영성입니다. 신앙이 있는 분이라면 늘 믿어 의심치 않는 영역입니다. 종교는 과학이 발달해도 여전히 사라지지 않고 있습니다. 이는 도덕적 가치와 밀접한 연관이 있기 때문일 것입니다. 그래서 한옥은 이런 가치를 늘 진지하게 고민해왔습니다. 현대 디자인이 놓치면 안 되는 부분이기도 합니다. 역설적이지만, 생명을 지킨다는 의미의 디자인은 인간의 디자인보다 차라리 다른 동물의 디자인에서 더 잘 나타납니다. 오늘날 인간의 디자인은 자본에 편입되면서, 본질적이던 디자인의 가치인 생명에 대한 배려가 급격하게 줄어들고 있습니다.

오늘날 디자인이 영성에 대해 생각해야 하는 것은, 디자인이 단순한 기능에 집중하지 않고, 다양한 인간적 가치를 담아내기 시작했기 때문입니다. 디자인이 자연 밖으로 나와 문화의 영역으로 들어온 이상 인간의 정신적 가치를 배제할 수 없습니다. 하지만, 인간의 정신 가치를 생명에서 분리하여 추구하는 것은 매우 위험할 수 있습니다. 어떤 정신적 가치를 위해서 수많은 사람들을 죽음으로 몰고 간 일을 우리는 역사 속에서 흔히 보아왔습니다. 이는 디자인이 갖는 생명에 대한 배려가 인간의 정신적 가치에 매몰되어서 일어난 일입니다. 진정 훌륭한 디자인이라면 인간의 정신적 가치와 생명으로 이어지는 끈을 놓지 말아야 할 것입니다. 이 부분이 영성이 될 것입니다. 그래서 디자인 자체에 윤리성이 내재해 있습니다.

영화 〈취한 말들을 위한 시간〉을 보면서 내내 마음이 아팠습니다. 너무 힘들게 삶을 꾸려나가는 어린 주인공의 모습은 보는 내내 사람을 불편하게 합니다. 이 영화에서 디자인은 오로지 생명을 유지시키는 기능에 집중됩니다. 등장인물 누구도 옷을 기호로 삼지 않습니다. 영화에 등장하는 사람들은 쿠르드족으로 지뢰가 매설된 국경지역에서 국경을 지키는 감시병의 총부리를 피해서 밀수로 생활을 근근이 꾸려갑니다. 저처럼 일반적인 사람이라면 도저히 살 수 없을 것 같은 환경입니다. 여기에는 누구에게도 도움을 받기 힘든 아이들이 나옵니다. 영화 주인공 아윱은 어른들과 똑같은 생존조건에 부딪혀서 살아나가야만 합니다. 아윱은 자기보다 나이가 많지만, 성장이 멈춘 형 마디의 수술을 위해 이라크 국경을 넘기로 합니다. 그 이유는 간단합니다. 노새를 이라크에 가서 팔면 더 많은 돈을 벌 수 있기 때문입니다. 그러나 이라크로 넘어가던 중 국경 수비대에 발각되자 밀수꾼들이 뿔뿔이 흩어지면서, 이런 일을 처음 당하는 아윱과 마디는 위험에 빠집니다. 총소리가 여기저기서 나지만, 누구도 그들을 돕지 않았습니다. 쓰러진 노새는 쉽게 일어서지 못합니다. 추운 날씨를 견디게 하려고 노새에게 술을 먹였기 때문입니다. 그렇다고 노새를 버리고 갈 수는 없었습니다. 아윱은 노새를 팔아서 형이 수술을 받도록 할 계획이었기 때문입니다. 어느 것도 버릴 수 없고, 무엇도 할 수 없는 상황에 빠졌습니다. 이렇게 위험스럽게 국경을 넘어 수술을 하면 마디가 살 수 있는 기간은 고작해야 7~8개월입니다. 합리적인 어른들의 생각이라면 절대 있을 수 없는 일입니다. 어쩌면 디자인의 의미는 정확하게 여기에 닿아 있는지도 모르겠습니다. 생명을 살리는 것. 그게 디자인이니까요. 이곳에서는 누구도 옷을 기호로 입지 않습니다. 여기서 디자인은 오로지 생명을 유지하는 것에 초점이 맞추어져 있습니다. 그래서 디자인의 윤리성은 문화에서 나오는 것이 아니라, 디자인 자체에 내장되어 있는 것입니다. 한옥 디자인이 품은 영성은 여기에 닿아 있습니다. 한옥은 매우 기능적인 집이어서 아주 작습니다. 그래서 누구나 한옥을 지을 수 있었습니다. 과거 우리는 누구나 집을 가질 수 있었습니다. 한옥은 그런 면에서 어떤 건축보다 훌륭한 디자인입니다.

영성이라는 관점에서 보면 우리는 파파넥의 디자인을 주의 깊게 볼 필요가 있습니다. 그는 유네스코와 여러 번 같이 일했습니다. 자신이 쓴 녹색위기에 세세하게 적은 디자인으로 '오븐'이 있습니다. 그는 태양열만을 이용하여 5시간 이상 고기를 구울 수 있도록 구이 판을 디자인했습니다. 이 태양열 요리 기구는 지금도 몇 천만 개가 일상생활에서 쓰이고 있습니다. 디자인이 갖는 반복의 가치를 성공적으로 담아냈습니다. 그가 디자인 한 것 중 또 다른 것으로 '전파 수신기'가 있습니다. 말하자면, 라디오인데, '깡통 라디오'로 불렸습니다. 발리에는 커다란 화산이 폭발해 많은 주민들이 다치고 죽었습니다. 남은 사람들은 살 곳을 잃게 되었습니다. 이런 상황에서 발리에 간 파파넥은 원주민을 도울 방법을 모색합니다. 그러던 중에 아주 싼 원가의 라디오를 만들기로 합니다. 라디오만 있었다면, 원주민이 재난방송을 통해서 피난을 갈 수 있었기 때문입니다. 파파넥은 관광객들이 버리고 간 캔을

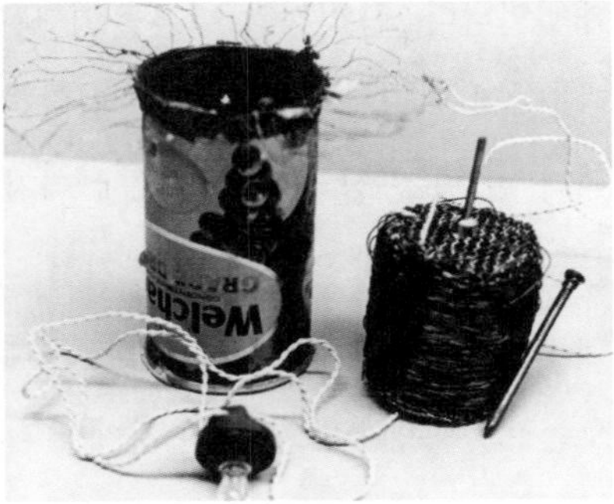

파파넥의 깡통라디오

모아서 라디오를 만들고, 주변에서 쉽게 구할 수 있는 짐승의 배설물이나 땅콩기름으로 라디오를 돌릴 동력을 만들었습니다. 주운 깡통의 볼품없는 이미지를 덜어내기 위해 그는 패키지 디자인을 원주민에게 맡깁니다. 원주민들은 각자가 자신의 깡통에 전통적인 문양을 그려 장식했습니다. 차이와 반복을 함께 했다는 점에서 좋은 디자인인 것은 물론입니다. 그리고 디자인 본연의 가치를 잘 실현했음은 물론입니다.

자연에 관심을 가져라

한옥은 자연과 밀접한 관계를 유지합니다. 이는 전통건축 개념 자체에 내장된 미학개념이기도 합니다. 자연에 대한 태도에서 한옥이 다른 나라의 건물과 근본적으로 다른 것은 자연을 대상으로 생각하지 않고, 자연 속으로 들어가 자연과 하나의 흐름 속에 자리 잡으려 했다는 점입니다. 그래서 한옥에는 자연이 들어와 있습니다. 한옥에 자연이 들어와 어우러지는 것을 확인할 수 있는 방법은 매우 간단합니다. 한옥 사진은 안에서 밖을 찍는 사진이 많습니다. 즉 건물의 안과 밖의 연계성이 한옥에서 중요하다는 뜻입니다. 한옥과 자연은 늘 하나로 이어져 있습니다. 한옥에 창이 많다는 것에서도 한옥과 자연의 관계를 짐작할 수 있습니다. 그래서 한옥은 기본적으로 열린 집입니다. 자연 속에 집을 짓고, 자연이 집으로 들어오는 순환구조입니다. 우리 공간의 특성은 모호

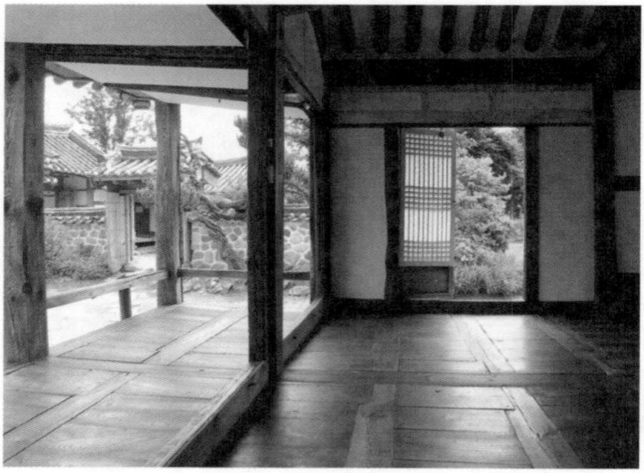

건물 안과 밖의 연계성

함입니다. 마당은 어디까지가 건축이고, 어디까지가 자연인지 불확실합니다. 툇마루와 대청은 방과의 관계에서 보면 여전히 밖이지만, 마당의 입장에서 보면 건물 내부입니다. 이처럼 한옥은 안팎의 구분을 모호하게 하여 자연과 사람이 공존하는 공간이 많습니다. 우리 건축은 자연을 모방하는 것이 아니라 자연과 어떻게 어우러질 수 있을까 고민합니다. 한옥은 모방이 아니라 소통이라는 쪽에 방점을 찍은 디자인입니다. 그래서 생태적이고, 인간적이며, 자연적일 수 있습니다.

서양 건축에서 해체주의는 구조주의를 무너뜨리면서 나옵니다. 구조주의는 서양의 인간 이성에 뿌리를 둔 논리입니다. 세상을 추상화시킨 구조로 인식하기 때문입니다. 그래서 구조주의를 해체한다는 것은 어느 정도 인간중심적인 세계관을 해체한다는 의미입니다. 자연을 무질서로 규정하고, 인간 이성을 중심으로 세계를 구성하던 구조주의를 거부한다는 말은 자연을 더 이상 적대시 하지 않겠다는 의미로 받아들여집니다. 문제는 여기에서 생깁니다. 일단 구조주의를 해체하자 그들에게 남은 것은 무질서한 자연밖에 없는 상황이 발생합니다. 이성을 무너뜨리고 나니 그들이 기댈 곳이 없어진 것이지요. 건축가들은 혼란에 빠집니다. '형태는 환상을 따른다.'는 추미의 주장은 그들이 미궁에 봉착했음을 확인시켜줍니다. 서양 사람들에게 자연은 환상입니다. 그래서 질서를 부여해야 하는 무질서한 대상이 되었던 것이지요. 아이젠만은 건물은 하나로 융합될 수 없는 다양한 텍스트들로 만들어진다고 주장합니다. 그러더니 '나의 최상의 작업은 목적이 없는 것이다. 누가 그 기능에 관심을 갖는가?'라고 선언합니다. 결국 서양건축에서 해체는 아페이론으로 돌아갑니다. 아페이론은 자연의 무질서를 의미합니다. 아이젠만은 그가 건축한 건물에 로마숫자를 붙입니다. 아이젠만이 지은 하우스Ⅵ은 결국 도저히 사람이 머물 수 없는 건물이었고, 결국 집주인은 그것을 허물고 다시 지어야 했습니다.

다행히 일부 해체주의자는 다른 길을 선택했습니다. 건물을 자연으로 돌리기보다, 즉 건물을 무질서로 환원시키는 데로 나아가지 않고, 자연의 무질서를 받아들이는 길을 걷습니다. 언뜻 헛갈릴 수 있는 표현이지만, 서양 사람들은 자연을 무질서라고 믿습니다. 그래서 인간의 이성으로 구성한 집을 해체하면, 건축은 무질서한 자연이 되고 맙니다. 그래서 아이젠만 같은 건축가가 나온 것이지요. 그런데, 이성을 기반으로 한 문명을 해체하는 대신 그냥 자연의 무질서를 받아들이는 쪽으로 가면 상황이 좀 달라집니다. 이는 그들의 전통인 예술의 보편적 진리, 모방(미메시스)으로 가는 것입니다. 해체주의를 미메시스 전통으로 복귀시킨 사람이 바로 프랭크 게리입니다. 그의 건축을 조각 같은 건축이라고 평하는 사람도 있습니다. 즉 그의 해체주의가 다시 고전으로 복귀하고 있다는 것입니다. 그래서 게리는 해체주의가 아니라 오히려 고전으로 복귀하는 수순을 밟고 있습니다. 아페이론 자체를 모방하는 것입니다. 자연을 흐름으로 인식할 수 있는 능력은 매우 독특하고 뛰어난 것입니다. 그래서 게리는 매우 특별한 건축가이며 디자이너입니다. 어쩌면 우리는 이런 부분에서 천부적인 재주가 있는지 모르겠습니다. 우리 스스로를 비하하지 않는다면 말입니다. 그리고 우리가 미메시스 할 것은 자연의 흐름이지, 게리가 아니라는 것도 확실합니다. 그래야지 그의 건축을 그대로 배낀 보기 싫은 건축도 태어나지 않을 것입니다.

사회에 관심을 가져라

영화 〈죽은 시인의 사회〉에서 인상 깊은 장면 중 하나를 고르라고 하면, 로빈 윌리암스가 분한 키팅 선생이 교탁에 오르는 장면입니다. 그것은 세상을 다르게 보는 법을 가르치는 탁월한 방법이었습니다. 그 장면을 보는 순간 바로 이거야! 그런 생각이 들었으니까요. 그러나 여러

개의 인상 깊은 장면 중 딱 하나만을 골라야 한다면, 영화의 마지막 장면을 고르고 싶습니다. 키팅은 입시지옥을 방불케 하는 학교에서 학생들에게 자신만의 세계를 찾는 것이 중요하다고 가르칩니다. 키팅의 제자 닐은 의사가 되라는 아버지의 뜻에 따라서 살아왔습니다. 자신이 무엇을 원하는지는 중요하지 않았습니다. 그런 그에게 연극이 다가옵니다. 그는 연극을 하고 싶었습니다. 자신의 삶을 찾은 것이지요. 그러나 평생을 아버지의 일방적인 요구에 따라 살아온 그는 아버지에게 자신의 뜻을 표현하지 못합니다. 불면의 밤을 보내던 그는 죽음을 선택합니다. 학교는 닐이 자살한 책임을 키팅 선생에게 묻기로 합니다. 학교는 일사천리로 키팅을 몰아냅니다. 닐과 함께 어울리던 학생들에게 퇴학을 당하지 않는 길은 하나라며, 서류를 내밉니다. 학생들은 키팅이 그들을 나쁜 길로 이끌었다는 서류에 사인하고 맙니다. 키팅이 학교에서 퇴출된 이튿날 첫 수업이 시작됩니다. 키팅을 대신해서 교장인 놀란이 임시로 교단에 섭니다. 그때 마침 키팅은 빠뜨리고 간 물건을 챙기려고 어쩔 수 없이 교실에 들어섭니다. 키팅이 물건을 챙겨서 문을 나서려는데, 한 학생이 키팅을 캡틴이라 부르며 책상 위로 올라갑니다. 교장이 제지했지만, 이어 다른 학생 하나가 다시 책상에 오릅니다. 그리고 다른 학생이 다시 책상에 오릅니다. 아이들이 하나 둘 자신의 책상에 오르며 영화가 끝납니다.

디자인은 영화의 첫 장면이 아니라 마지막 장면에서 시작합니다. 모두가 교감할 수 있는 디자인에서 시작해서 차이를 만드는 게 디자인의 특성이기 때문입니다. 어쩌면 그것은 디자인의 윤리성입니다. 그러나 다른 일면 상업성이기도 합니다. 윤리성과 상업성이 묘하게 겹치는 부분입니다. 가장 보편적인 형태의 디자인을 찾는 자연 디자인은 문화라는 옷을 입으면서 소통이 되었습니다. 다르게만 보아서는 훌륭한 디자인이 될 수 없습니다. 같이 그리고 다르게 봐야 합니다. 아마 디자인의 어려움이기도 할 것입니다.

그런 의미에서 한옥의 소통 정신은 매우 중요합니다. 한옥은 타인과의 소통을 소중하게 생각합니다. 한옥에서 담장은 원래 그다지 높지 않았습니다. 언뜻 생각하기에 외부의 침입자를 막기 위해서는 담장이 높아야 할 것 같지만, 범죄는 폐쇄된 곳에서 일어나기 마련입니다. 담장이 낮아서 외부와의 시야가 차단되지 않으면, 강력범죄나 가정 내 폭력이 일정 크기 이상으로 발생하기 어렵습니다. 그래서 우리는 살림집을 디자인할 때 담장이 없거나 있어도 담장을 높게 쌓지 않았습니다. 서양과 중국은 매우 폐쇄적인 담장을 쌓아서 내부와 외부를 단절했습니다. 사생활을 강화할 수는 있지만, 외부와의 소통 능력은 떨어지는 구조입니다. 담장이 낮으면 이웃과 늘 소통할 수 있기 때문에 타인과 어우러지기 좋은 장점이 덤으로 생깁니다. 우리에게 타인과의 소통 장소로 뛰어난 장소는 마당입니다. 마당은 매우 요긴한 소통의 장이었습니다. 중정이 발달하여 외부와 단절을 기본으로 하는 디자인과는 전혀 다른 공간 디자인이었습니다. 한옥을 특별하게 한 구들이 '키팅이 올라간 교탁'이라면, 한옥의 마당은 학생들이 올라간 '자신의 책상'입니다.

자기 책상이지만, 그들의 책상은 그들을 이어주는 마당인 셈입니다. 마당은 융합 과정을 거쳐야 하는 디자인의 속성을 잘 암시해 줍니다.

우리나라에서 인문학을 공부한 학생들은 취업이 거의 봉쇄되어 있다고 합니다. 저는 우리 사회가 너무 기능적으로 변해가는 것이 안타깝습니다. 마당을 가졌던 우리가 어떻게 이렇게까지 변할 수 있을까 놀랍습니다. 오히려 우리 마당 개념을 잘 이용하는 회사는 '아이디오'라는 외국 회사입니다. 이 회사의 아이디어에는 타인과의 대화, 사회와의 소통이라는 개념이 매우 잘 들어가 있습니다. 이 회사에서는 디자인 프로젝트가 주어지면, 디자인과 무관한 전공자들, 심리학 언어학 생물학 전공자들이 함께 참여합니다. 그리고 그들이 한바탕 마당놀이를 하고 나면 디자인 하나가 탄생합니다. 사실 이것은 우리 디자인의 특성입니다. 소통하고 이것을 하나로 엮는 전통이야말로 우리 마당만한 것이 없기 때문입니다. 우리는 우리가 가진 훌륭한 디자인 자질을 폄훼해 왔습

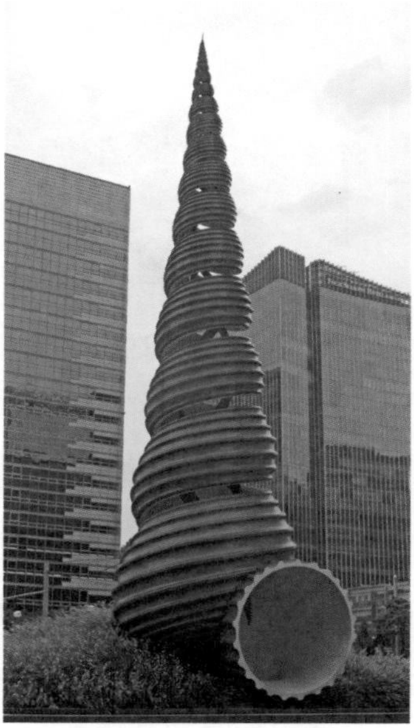
청계천 달팽이 모형

니다. 청계천을 복구하면서, 달팽이 모양의 디자인을 작품이라고 가져다 놓은 것을 보면 난감합니다. 올덴버그가 단지 외국의 유명한 사람이라는 이유만으로 저렇게 해도 되는 것인지 정말 화가 납니다. 도대체 그 디자인이 청계천과 을지로 일대의 흐름에 맞습니까? 왜 우리는 이렇게 되었을까요? 현대문화가 우리의 식민지 시대를 경유했기 때문일까요. 우리 것은 무조건 낮게 보는 이 습성을 우리는 이제 걷어낼 필요가 있습니다. 이제 우리는 우리 디자인 능력에 관심을 기울여야 합니다. 그리고 인문학도들은 여기에 꼭 필요합니다.

상대에 관심을 가져라

결국 한옥은 한옥에 사는 사람을 위해 지어집니다. 그런 점에서 한옥에서 제일 중요한 배려 대상은 그 집에 사는 사람입니다. 다른 나라는 건물 사진을 찍을 때 외부에서 건물의 겉모습을 찍는 게 보통입니다. 이에 비해서 우리는 건물 내부에서 건물 외부를 향해 풍경을 담는 경우가 더 많습니다. 그만큼 건물이 그 집에 사는 사람의 시점을 갖고 있습니다. 앞에서 강조한 마당도 집주인이 지은 건물의 크기에 따라서 조정되고, 건물의 높이와 방의 크기 등이 그 집에 사는 구체적인 바로 그 사람을 위해 디자인됩니다.

디자이너는 결국 사용자를 위해 디자인을 해야 하기 때문에 수

시로 사용자의 입장이 되어야 합니다. 한옥의 중간영역 말하자면 마당 대청 툇마루 등은 자연과 인간과의 중간영역이기도 하지만, 정서의 중간지대이기도 합니다. 급작스러운 변화는 심리적으로 불안감을 일으키기 쉽습니다. 대량생산이라는 전대미문의 시대에 살면서 개인 하나하나를 배려한다는 것은 불가능한 일일지도 모릅니다. 하지만, 그것을 당연한 것으로 받아들이는 데에는 문제가 있습니다. 현재 우리나라 아파트 문화는 대량생산 시대에 매우 적합한 주거시설이지만, 동시대를 사는 어떤 나라도 이런 형태의 주거문화를 그대로 받아들이지 않습니다. 이는 우리 디자이너에게 매우 중요한 문제입니다.

칼을 사용하는 사람의 입장에서 칼을 만든다면, 당연히 안전하고 편한 디자인이 나옵니다. 상대를 위한 디자인은 '기능+형편'입니다. 칼은 무엇을 자르는 것이니 이 기능은 기본적인 것입니다. 그러나 여기서 멈추어 버리면, 디자인은 그 이상의 가치를 담기 힘듭니다. 그 칼을 쓰는 사람이 어른인지 아이인지 주부인지 손이 큰지 작은지 이런 것들을 세심하게 배려하여 디자인하는 것이 필요합니다. 한옥은 그 집에 사는 구체적인 사람을 가운데에 놓고 디자인합니다. 그래서 사람이 작아지면 집도 작아질 수 있다는 게 한옥의 디자인 정신입니다. 사용하는 사람의 구체적인 상황을 상정하고 이를 디자인에 반영해야 합니다. 유니버셜 디자인도 결국 여기에서 멀지 않습니다.

"대량판매 시장은 종말이 온다." 제프 자비스 뉴욕시립대 교수의 말입니다. 그는 "구글의 고객은 대중이 아니라 개인"이라고 주장합니다.

구글은 앞으로 시가총액 1조 달러 기업에 등극할 것이라고 예언하면서, 그 결정적 근거가 바로 구글의 타깃이 대중이 아니라 구체적인 개인이라는 점을 강조하고 있습니다. 구글이 추진해온 모바일 중심의 개인 맞춤형·추천 서비스가 그 중심에 있습니다. 가령 똑같은 사양으로 대량 생산된 스마트폰과 고객별 주문에 따라 맞춤형으로 생산된 스마트폰을 서로 경쟁시켰을 때 어느 쪽이 승리할지는 자명하다는 주장입니다. 사실 이 문제는 제프의 말처럼 그리 쉽게 말할 부분은 아닙니다. 기업이 개인에게 맞추지만, 개인의 합인 대중은 시장이 형성한 취향에 자신을 맞추는 상황을 우리는 일상에서 흔히 보기 때문입니다. 그래서 조금 다른 관점이 필요합니다.

일단 한옥 디자인만을 보면, 적어도 우리 한옥은 단순한 취향이 아니라 디자인의 본질적인 가치인 생명이라는 의미에서 개인의 관점을 반영하고 있습니다. 그래서 한옥이 개인의 취향에 관심을 갖는다는 관점은 기본적으로 빅데이터에 기반을 둔 뱀의 유혹과는 다른 토대 위에 있습니다. 여기에서도 우리는 디자인에 내재된 윤리성을 생각할 필요가 있습니다. '기능+α'라는 공식에서 α에 무엇을 넣을 것인가의 문제는 디자이너가 늘 풀어야 하는 숙제입니다.

정서에 관심을 가져라

이규태 씨의 책을 읽다 좀 특별한 내용을 보았습니다. 내용의 일부를 정리하면 이렇습니다. 2차 대전 후에 이탈리아가 연합군에 패하고, 시칠리아 섬에서 있었던 일입니다. 산을 가운데 두고 두 개의 고아원이 있었습니다. 한 쪽 고아원은 연합군과 자매결연 맺고 있어서 시설도 좋았고, 분유도 충분하게 공급되었습니다. 다른 쪽 고아원은 상황이 그리 넉넉하지 않았습니다. 패전한 이탈리아에서 작은 고아원에 신경을 쓸 수 없었을 것입니다. 그러니 건물이 바람과 비를 제대로 막아주지도 못하고 분유도 제대로 공급되지 못했습니다. 그런데 이상한 일이 발생합니다. 일정한 시간이 지난 뒤 확인해 보니, 유아 사망률이 연합군 측에서 지원을 받은 고아원이 60%나 높았습니다. 이 특이한 상황은 당시 학계에 초미의 관심사가 되었습니다. 조사결과 시설이 안 좋은 곳에는 전쟁 중에 자기의 아이를 잃어버리고 미쳐버린 여인이 있었습니다. 그녀는 이곳의 아이들을 자기 아이라고 생각하고 돌아가면서 정성스럽게 안아주고 얼러주었습니다. 결국 아이들을 살린 것은 따뜻한 스킨십이었습니다. 스킨십이 얼마나 중요한지 깨닫게 해 준 사건입니다. 최근에는 아이들에게 스킨십이 중요하다는 데에 모든 학자들이 동의하지만, 옛날에는 그렇지 않았습니다. 실제 서양에서는 도시에 사는 부모가 아이를 낳으면 농촌에 사는 전혀 낯모르는 사람에게 아이의 양육을 위탁하는 경우도 있었습니다. 농촌에서 일이 많으면 아이들을 묶어놓고 키워야 하는 상황까지 발생했습니다. 그런 면에서 체온을 나누어주는 문화는 우리가 세상에서 제일 발달했습니다. 우리 주거지는 다른 나라보다 작았기 때문에 늘 복닥거리면서 체온을 나누고 살 수밖에 없었습니다. 그래서 작은 공간에서 무릎을 맞대고 발을 맞대고 이야기하는 것을 좋아합니다. 이게 살 정입니다. 우리 민족이 정이 많다는 것은 바로 이것을 말합니다. 단순히 사람이 분비는 공간이 아니라 푸근한 공간을 만들어내는 능력 그게 구들방입니다. 체온을 나누어주는 게 우리 구들이었습니다. 남녀 간의 스킨십이 아닌 인간적인 스킨십을 활발하게 발전시킨 것은 아마도 우리 한옥밖에 없을 것 같습니다. 디자인이 인간의 정서에 어떤 영향을 주는지 확인할 수 있습니다.

한옥이라는 디자인은 우리 정서에 큰 영향을 주었습니다. 이 정서는 마당을 통해서 확대되었습니다. 그래서 우리는 공식적인 의사 결정 공간인 광장을 굳이 필요로 하지 않았습니다. 구들을 통한 열린 공간으로 디자인 된 집이 있었기 때문입니다. 현대사회의 큰 문제 중 하나는 타인과의 소통은 물론이고 자기와의 소통까지 차단당하고 있다는 점입니다. 옛날에는 나 홀로 반성하고 생각할 공간이 많았습니다. 다락이 있었고, 뒷마당이 있었고, 장독대가 있었습니다. 그러나 지금은 자기방에 유폐되어 사는 상황으로 내몰리고 있습니다. 가족끼리 극단적인 감정의 대립이 생겨도 거실과 고립된 방이 전부입니다. 과거의 다양한 자기 돌봄의 공간이 더 이상 집과 마당 주변에 남아 있지 않습니다. 디자인이 어떻게 사람의 정서에 관여하는지를 알 수 있습니다. 디자인은 그 디자인을 통해서 사람이 스스로를 도울 수 있게 해야 합니다.

모든 것을 담아내는 토탈디자인

아마도 책의 첫 부분에서 말씀드린 것 같습니다. 자연은 아름답지만 평화롭지 못합니다. 디자인은 아름다움이 아니라 평화롭지 못한 데서 더 영향을 받습니다. 대외적인 필요에 응하기 위해 디자인을 발전시켜왔으니까요. 그래서 혁신은 디자인에서 운명 같은 것입니다. 자연에서 적절하지 않은 디자인은 도태됩니다. 디자인의 도태는 바로 생존의 박탈로 이어졌습니다. 그래서 디자인은 혁신의 다른 말인지도 모릅니다. 날지 못하던 생명이 어느 날 날아오르기도 하고, 날던 생명이 날개를 떼어버리기도 합니다. 그만큼 디자인은 결연하고 확고합니다. 인디언이 꾸리던 생활 그들이 꿈꾸던 사회는 어쩌면 백인들이 만들어낸 이 세상보다 훨씬 아름다웠을지 모릅니다. 인디언을 세상에서 몰아내고 멸종지경에 이르게 한 백인의 폭력적인 시스템은 비난 받아 마땅합니다. 그러나 혁신 없는 사회는 인디언이 그랬던 것처럼 한 번에 무너질 수도 있습니다. 그게 바로 다양성과 이어져 있습니다. 디자인이 다양성을 확보하지 못하고, 하나로 통일되면 그것은 매우 위험한 사회입니다. 끊임없이 혁신해야 하는 것이 어쩌면 디자인의 운명입니다.

그래서 디자인의 가장 큰 원천은 창의력과 상상력입니다. 한옥은 다른 건축과 다른 상상을 하며 자신을 진화시켜왔습니다. 그럼에도 창의력과 상상력에 대해 특별히 강조하지 않은 것은 그것이 너무나 당연한 것이기 때문입니다. 굳이 디자이너가 창의력과 상상력을 따로 준비하지 않아도, 디자인을 만드는 과정에 참여하는 순간 자연스럽게 발휘되는 것입니다. 우리가 무언가를 생각하고 상상한다는 것은 문제에서 출발하기 때문입니다. 디자인이라는 문제를 만나면, 디자인이 단순함을 지향하는 융합과정을 거쳐야 한다고 했는데, 이 과정에서 자연스럽게 생성되는 것이 창의성과 상상력이라고 생각합니다. 다양한 가치가 만나서 이루어지는 것이 디자인이기 때문에 창의성과 상상력은 다른 사람과의 관계로 더 크게 나올 수 있습니다. 앞에서 아이디오라는 회사를 소개했습니다. 창의성과 상상력이 인문학적인 과정도 관계있습니다. 어떤 장애물을 만나면 사람은 생각하게 됩니다. 일상화된 습관 속에서 우리는 사유하지 않고 반응만 합니다. 사유하는 힘은 인문학적인 기반에서 출발합니다. 인문학이 중요한 까닭입니다. 그래서 디자인이 중요한 사회라면, 개인의 일부 능력보다는 전체의 능력을 볼 줄 알아야 하고, 기능적인 디자이너가 아니라 전인적인 디자이너를 키우고 기다릴 줄 알아야 할 것입니다. 그래서 디자이너가 되려는 분이라면, 굳이 자신의 상상력과 창의력에 대해 분석할 필요 없이 직접 부딪혀 보는 것도 좋은 방법일 것입니다.

한옥 역시 이런 창의성과 상상력을 통하여 우리만의 독특한 디자인을 창조해 왔습니다. 한옥은 창의적인 상상력에 기반하고 있지만,

집이 가져야 하는 보편적인 가치 그 어느 것도 놓치지 않았습니다. 그리고 한옥이 갖고 있는 패키지 디자인으로서의 특징은 우리 한옥 디자인이 과거에 속한 것이 아니며 미래를 향해 열려있음을 확인해 줍니다. 한옥의 공간구성원리, 그러니까 영성, 자연, 이웃, 자신과 소통하며 디자인 자체와도 소통하는 감성의 디자인은 디자인이 갖추어야 할 모든 것을 망라하고 있습니다. 우리 디자이너라면, 우리의 오랜 전통인 전통건축 특히 한옥에서 많은 것을 낚아 올릴 수 있을 것이라고 믿습니다.

인간은 지성을 통해서 외부에 디자인을 만들었다는 점에서, 디자인은 단순한 모방이 아니라 인간의 창조적인 능력이 시작한 점이기도 합니다. 인간은 모방을 넘어서는 디자인을 통해서 자신의 지식을 단순한 대상이 아닌 관념으로 변화시킬 수 있었습니다. 솥이나 바지 같은 것이 그 예입니다. 이것은 자연에서 만나기 힘든 디자인으로 인간의 창의력이 만든 대표적인 예입니다. 동양에서 솥이라는 디자인은 예禮의 규범적인 이미지가 되기도 합니다. 그래서 디자인을 통하여 인간의 지적 능력은 관념화를 시작합니다. 여기에 예술이 자신의 길을 찾아 분리되어 나갔을 것입니다. 그러나 현대에 와서 예술과 디자인은 다시 한 자리에 나란히 서기도 합니다.

디자인은 어쩌면 모든 학문의 출발점일 수도 있습니다. 디자인을 통해서 수리적인 능력을 향상시킬 수 있었으며, 대상을 관념화하는 능력도 키웠을 것입니다. 일단 성장한 관념은 디자인을 훨씬 문화적인 형태로 변화시킬 수 있었을 것입니다. 이제 관념과 실물이 서로에게 영향을 주면서 우리의 생활과 정신문화는 매우 다양한 변화를 실천할 수 있었을 것으로 보입니다. 디자인은 실용적이면서 한편 인류의 정신문화에 방아쇠를 당긴 정신적인 출발점이 되었을 수도 있습니다.

디자인의 다양한 문제가 최근에는 한 곳으로 모이고 있습니다. 즉 사람의 몸뚱이 자체가 플랫폼이 되고 있습니다. 마치 컴퓨터의 기판처럼 사람의 몸에 다양한 기술들이 삽입됩니다. 인간의 망막에 얇은 판막을 넣어 특수 안경 없이도 가상현실을 체험할 수 있게 하는 실험이 진행되고 있습니다. 이런 일이 가능하다면, 기술적으로 인간의 뇌에 인터넷을 연결하는 것도 멀지 않아 보입니다. 이렇게 되면 인간 자체가 해킹되는 상황도 발생할 수 있을 것 같습니다. 이때는 디자인이 아니라 디자인의 숙주인 인간과 인간의 흐름인 생명에 대한 새로운 정의가 필요할 것입니다. 이렇게 되면 인간은 자연에서 완전히 분리된 별개의 생명체가 될 가능성이 있습니다. 디자인은 전혀 다른 의미를 획득하게 될 것입니다. 그 의미를 어떻게 생각하든 이제 디자인은 인간에게 또 다른 도전이 될 것입니다.

사진 출처 모음

17쪽 제비 둥지	© kuribo(flickr)
19쪽 캥거루의 아기주머니	© Martyman(WIKIPEDIA)
24쪽 곰	© Soldatnytt(flickr)
26쪽 랍스터의 집게와 인간의 가위	© U.S. Fish and Wildlife Service Southeast Region(flickr) (좌) © Dajes13(WIKIPEDIA) (우)
29쪽 왼쪽은 겨울자나방 수컷, 오른쪽은 암컷	© Seiya Kudo(青森の蝶たち: Web図鑑)
31쪽 거미	© 이상현
39쪽 로비하우스	© Teemu008(flickr)
40쪽 자연에 친근한 디자인 한옥	© 이상현
44쪽 세형동검	© Kai Hendry(flickr)
47쪽 억새	© 이상현
넝쿨	© 이상현
48쪽 나뭇잎과 태양열판	© 이상현
51쪽 풀무치	© Gilles Gonthier(flickr)
54쪽 선풍기의 반복과 차이	© Michael Aulia(flickr)
57쪽 마당	© 이상현
61쪽 배짱이	© torange.biz
68쪽 거미의 눈과 사람의 눈	© 이상현 (좌)
69쪽 동남아시아 건축	© Toby Oxborrow(flickr)
72쪽 한옥의 익공	© 이상현
75쪽 호리병벌의 집	© Ian Alexander(WIKIMEDIA COMMONS)
81쪽 한옥의 단면도	© 이상현
93쪽 꽃	© 이상현
94쪽 비대칭의 조화	© FritzDaCat(WIKIPEDIA)
102쪽 한옥의 자경	© 이상현
109쪽 도드라지는 꽃의 색	© 이상현
138쪽 거미줄 위의 거미	© 이상현
167쪽 다양한 디자인이 모인 도시, 뉴욕	© Francisco Diez(WIKIMEDIA COM-

	MONS)
173쪽 운조루 현판과 전경	© 이상현
187쪽 만대루	© 이상현
189쪽 강학당에서 본 만대루	© 이상현
197쪽 명재고택의 사랑채	© 이상현
200쪽 흐름을 담아내는 커피 잔	© 동서식품
201쪽 여유로움의 커피	© 동서식품
202쪽 한옥의 흐름	© 이상현
207쪽 낙선재 빙열문	© 이상현
210쪽 베가 아이언	© tiki.vn
223쪽 개심사 심검당	© 이상현
226쪽 주시 살리프	© Niklas Morberg(flickr)
236쪽 파파넥의 깡통라디오	© Papanek Foundation(forbes)
238쪽 건물 안과 밖의 연계성	© 이상현
243쪽 청계천 달팽이 모형	© 이상현

* 출처를 표시하지 않은 사진은 퍼블릭 도메인이거나 저작권자가 명확하지 않은 사진입니다.

디자인의 새로운 상상, 한옥

1판 1쇄 펴낸날 2016년 04월 10일

지은이 이상현

펴낸이 서채윤
펴낸곳 채륜
책만듦이 김미정
책꾸밈이 이한희

등록 2007년 6월 25일(제2009-11호)
주소 서울시 광진구 천호대로 798 현대 그린빌 201호
대표전화 02-465-4650 | **팩스** 02-6080-0707
E-mail book@chaeryun.com
Homepage www.chaeryun.com

책값은 뒤표지에 있습니다.
ISBN 979-11-85401-14-0 03600

이 도서의 국립중앙도서관 출판예정도서목록(CIP)은 서지정보유통지원시스템 홈페이지(http://seoji.nl.go.kr)와 국가자료공동목록시스템(http://www.nl.go.kr/kolisnet)에서 이용하실 수 있습니다. (CIP제어번호 : CIP2016007551)